DU CHAPITRE DE

BRIEF DE MARIAGE ENCOMBRÉ

OU DE

L'INALIÉNABILITÉ DES BIENS DE LA FEMME MARIÉE EN COUTUME DE NORMANDIE

THÈSE POUR LE DOCTORAT

SOUTENUE PUBLIQUEMENT

DANS LA GRANDE SALLE DE LA FACULTÉ DE DROIT

Le jeudi 11 janvier 1900, à 3 heures 1/2 de l'après-midi

PAR

Henri de COUPIGNY

Avocat près la Cour d'appel

CAEN

IMPRIMERIE CHARLES VALIN

7 ET 9, RUE AU CANU

1900

TOVJOVRS AVANT

DU CHAPITRE DE

BRIEF DE MARIAGE ENCOMBRÉ

OU DE

L'INALIÉNABILITÉ DES BIENS DE LA FEMME MARIÉE EN COUTUME DE NORMANDIE

THÈSE POUR LE DOCTORAT

SOUTENUE PUBLIQUEMENT

DANS LA GRANDE SALLE DE LA FACULTÉ DE DROIT

Le jeudi 11 janvier 1900, à 3 heures 1/2 de l'après-midi

PAR

Henri de COUPIGNY

Avocat près la Cour d'appel

CAEN

IMPRIMERIE CHARLES VALIN

7 ET 9, RUE AU CANU

1900

UNIVERSITÉ DE CAEN

FACULTÉ DE DROIT

Année scolaire 1899-1900

DOYEN :

M. Edmond VILLEY (✼, I. ✿), correspondant de l'Institut, membre du Conseil supérieur de l'Instruction publique.

PROFESSEURS :

MM. TOUTAIN (✼, I. ✿), professeur de *Droit administratif*

DANJON (I. ✿), professeur de *Droit commercial* et de *Droit maritime*.

Edmond VILLEY (✼, I. ✿), professeur d'*Économie politique*, chargé du cours de *Droit constitutionnel comparé*.

LAISNÉ DES HAYES (☉, A. ✿), professeur de *Droit romain*, chargé d'un cours de *Droit civil*.

GUILLOUARD (✼, I. ✿, C. ✻), professeur de *Droit civil*.

LEBRET (I. ✿), professeur de *Droit civil* (député du Calvados, ancien Ministre de la Justice).

CABOUAT (I. ✿), professeur de *Droit international public* et *privé*, et de *Législation industrielle*.

MM. Ambroise COLIN (I. ✱), professeur de *Droit civil*, et chargé des cours d'*Histoire du Droit français* et de *Droit civil comparé*.

BIVILL.ᵣ (A. ✱), professeur de *Procédure civile*, et chargé du cours d'*Histoire générale du Droit français*.

AGRÉGÉS :

MM. DEBRAY, chargé d'un cours de *Droit romain* (en congé).

René WORMS (A. ✱), chargé des cours d'*Histoire des Doctrines économiques* et d'*Économie politique*.

LE FUR, chargé des cours d'*Histoire du Droit public français* et d'*Éléments du Droit constitutionnel*.

ASTOUL, chargé d'un cours de *Droit Romain* et du cours d'*Histoire de la coutume de Normandie*.

DEGOIS, chargé du cours de *Droit criminel*.

CHARGÉ DE COURS :

M. ARON, docteur en droit, chargé d'un cours de *Droit romain*.

SECRÉTAIRE :

M. GILLET (I. ✱), secrétaire de l'Université de Caen.

JURY D'EXAMEN

MM. Ambroise COLIN, *professeur*, PRÉSIDENT DE LA THÈSE.
      GUILLOUARD, *professeur*.
      ASTOUL, *agrégé*.

BIBLIOGRAPHIE

BASNAGE. — *Commentaires sur la coutume de Normandie.* (2 vol., édit. 1709.)

BASNAGE. — *Traité des hypothèques.* (Édit. 1709.)

BÉRAULT, GODEFROY ET D'AVIRON. — *Commentaires sur la coutume.* (2 vol , édit. 1776.)

BIGELOW. — *Placita anglo-normanica* (London 1879), page XI.

BOURDOT DE RICHEBOURG. — *Nouveau Coutumier général* (4 vol., édit. 1724) — Tome IV. — page 1 et suiv. — *Le grand Coutumier au pays et duché de Normandie.*

CAILLEMER. — *Le droit civil dans les provinces anglo-normandes.* (Mémoires de l'Académie nationale, des Sciences, Arts et Belles-Lettres de Caen, an 1883, pages 157 à 226.)

CAUVET. — *De l'organisation de la famille normande.* (Recueil de législation et de jurisprudence, an 1847-1848.) Cette monographie se trouve aussi dans un volume in-8°, réunie à plusieurs autres du même auteur.

CAUVET. — *Le droit civil de la Normandie au XIII°️ siècle.* (Vol. précité.)

COLIN — *Le droit des gens mariés dans la coutume de Normandie*. (Nouvelle revue historique du droit français et étranger, an 1892.)

GEORGES DELISLE — *Note sur le droit normand*. (Vol. 32 du répertoire alphabétique de Dalloz, au mot *Normandie*.)

LÉOPOLD DELISLE. — *Jugements de l'Échiquier de Normandie au XIII° siècle* (1207-1270), édit. 1864.

DALLOZ. — *Répertoire alphabétique*, au mot *Normandie*.

DALLOZ. — *Recueil périodique*.

DUVAL-DUHAZÉ. — *Méthode de liquider le mariage avenant des filles en Normandie par l'arithmétique*.

ESMEIN. — *Le serment promissoire dans le droit canonique*. (Nouvelle revue historique du droit français et étranger, an 1888.)

FLAUST. — *Explication de la coutume et de la jurisprudence de Normandie*. (2 vol , édit 1781.)

FROLAND. — *Mémoires concernant l'observation du sénatus-consulte Velléien dans le duché de Normandie*. (1 vol., édit. 1722.)

GIDE. — *Étude sur la condition privée de la femme* (Édit. Esmein.)

GLASSON. — *Histoire du droit et des institutions d'Angleterre* (édit. 1882), t. II.

GLASSON. — *Index bibliographique sur le droit normand*. (T. II, p. V et 129 de son histoire du droit et des institutions d'Angleterre)

DE GUERNON. — *Dictionnaire de la jurisprudence de la Cour royale de Caen* (au mot *Femme normande*, page 429).

GUILLOUARD. — *Traité du contrat de mariage*. (T. I, p 32 et t. IV., p. 354 et suiv.).

HOMBERG. — *Abus du régime dotal au point de vue des mœurs, suivi d'un article intitulé* : Du régime dotal et de la nécessité d'une réforme dans cette partie de notre législation, par Marcel. (1 vol., édit. 1842.)

HOUARD. — *Dictionnaire* (4 vol., édit. 1780-1782), aux mots : *Dot, Douaire, Femme, Paraphernaux.*

Journal des arrêts des Cours royales de Rouen et de Caen. (13 vol., an 1824-1831.)

LAFERRIÈRE. — *Histoire du droit français.* (6 vol., édit. 1852-1853.)

LÉCHAUDEY D'ANISY. — *Recueil des jugements de l'Échiquier.* (Mémoires de la Société des Antiquaires de Normandie, t. XV).

LESCŒUR. — *Des origines de la jurisprudence sur l'inaliénabilité de la dot mobilière.*

LICQUET. — *Histoire de Normandie* (2 vol., édit. 1835), p. 1 à 52 du Ier vol.

LITTLETON. — *Institutes*, II, sect. 168.

LOYSEL. — *Institutes coutumiers.*

MARIE. — *Cours de droit normand.* (Caen, an 1896-1899.)

MARNIER. — *Établissements et coutumes, assises et arrêts de l'Échiquier de Normandie au XIIIe siècle* (1207-1245). (1 vol., an 1839.)

MARNIER. — *Coutumes, styles et usages au temps des Échiquiers de Normandie.* (1 vol., an 1839.)

LE POITEVIN. — *Des droits de la fille ou du mariage avenant dans la coutume de Normandie.* (Nouvelle revue historique du droit français et étranger, an 1889.)

POTHIER. — *Traité de la communauté.*

*Recueil des arrêts des Cours d'appel de Caen et de
Rouen* (depuis 1837).

ROUPNEL ET PESNELLE. — *Commentaire de la coutume
de Normandie*. (2 vol., édit. 1676-1677.)

DE LA RUE. — *Essais historiques sur la ville de Caen
et son arrondissement*. (Édit. 1820, t. II, p. 70.)

SIREY. — *Recueil périodique*.

TARDIF. — *Coutumiers de Normandie*.

    Tome Ier : *Le très ancien Coutumier*. (Édit. 1881.)

    Tome II : La *Summa de legibus Normannie*.
    (Édit. 1896.)

TERRIEN. — *Commentaires du droit civil, tant public
que privé, observé au duché de Normandie*.
(1 vol., édit. 1574.)

TESSIER. — *Questions sur la dot*. (1 vol., édit. 1852.)

THOMINE-DESMAZURES. — *Consultation sur la validité
des donations entre époux normands*. (Recueil
de la jurisprudence de la Cour de Caen, an 1844,
p. 678 et suiv.)

TOLLEMER. — *Journal du Sire de Gouberville, gentilhomme campagnard du Cotentin* (1553-1562),
2e édition, p. 718.

DE VALROGER. — *Coutumes, styles et usages au temps
des Échiquiers de Normandie*. (Mémoire de la
Société des Antiquaires de Normandie, t. XVIII.)

VIOLLET. — *Histoire du droit civil français*.

INTRODUCTION

Le droit coutumier normand, tel que nous le trouvons dans les premiers monuments de son histoire, est le résultat d'une combinaison d'éléments divers, gaulois, romains, germaniques, normands, anglo-saxons, qui tous n'ont pas eu une égale influence sur sa formation.

Nous retracerons rapidement l'historique de cette formation.

Après l'occupation romaine, le territoire qui devait être la Normandie était occupé par diverses peuplades telles que les Baïocasses, les Éburovices, les Lexoviens.

Quand la Gaule fut devenue une province romaine, ce territoire fit partie du gouvernement de la deuxième Lyonnaise [1].

Après l'invasion des Francs, il devint une province franque, et forma la plus grande partie de la Neustrie.

---

1. Licquet, *Histoire de la Normandie*, pages 1 et suiv.

Les mœurs germaniques s'y implantèrent comme dans les autres provinces voisines; mais il serait difficile de dire quelle fut,à cette époque, l'histoire du droit en Neustrie.

Un nouvel élément vint modifier les mœurs de cette région à la fin du IXe siècle. Les Northmans, ces rois de la mer « qui ne dormaient jamais sous le toit enfumé, qui ne vidaient jamais la coupe auprès du foyer, pour lesquels la bataille sanglante avait tous les charmes d'une jeune épouse dans tout l'éclat de sa beauté[1] », les Northmans, qui avaient ravagé pendant de longues années les côtes de la Gaule à la faveur de la faiblesse des successeurs de Charlemagne, s'implantèrent dans le territoire que l'on a appelé la Normandie, et Charles le Simple dut le leur abandonner par le traité de Saint-Clair-sur-Epte (912)[2].

L'influence exacte qu'a pu exercer sur la formation du droit normand l'invasion scandinave a donné lieu à de vives controverses entre les historiens du droit[3].

Ce qui enlève peut-être un peu de son inté-

---

1. HEIMSKRINGLA, TOM. 1, pag. 43, et *Lodbrokar*, strophe 13.
2. LICQUET, p. 10 et suiv.
3. GLASSON, *Histoire du droit et des institutions d'Angleterre*, T. II. p. 94 et suiv.

LAFERRIÈRE, *Histoire du droit français*, T. III, p. 115 et suiv.; T. V, p. 627 et suiv.

rêt à cette controverse, c'est que les Scandinaves étaient de même origine que les Germains; or, l'influence germanique avait déjà exercé son influence sur tous les pays du nord de la France.

Ce qu'ont pu y apporter les Northmans, c'est peut être seulement une recrudescence, une nouvelle vie donnée aux mœurs germaniques. Quand les Northmans eurent conquis l'Angleterre en 1066, il s'établit une communication réciproque du droit normand et du droit anglo-saxon, qui contribua à accentuer le caractère germanique du droit coutumier de Normandie.

De 1066 à 1205, les mêmes princes furent en effet à la fois rois d'Angleterre et ducs de Normandie. C'est dans cette période que se fit l'élaboration d'un droit coutumier spécial, sous l'influence des diverses races qui s'étaient mélangées depuis plusieurs siècles.

Il est impossible de savoir quelle fut au juste la part de l'élément gaulois ; on est obligé de le négliger.

L'influence romaine fut certainement très grande. Le droit théodosien, en effet, contenu dans le bréviaire d'Alaric fut étudié, durant le moyen âge, en Normandie comme dans les autres provinces du nord de la Gaule, et un auteur anglais , Bigelow, nous fait observer avec raison que les lois qui régissaient les compagnons de Rollon, avaient parfois subi l'influence romaine : « *The lead Normandy was not wholly free from the influence of the semi-Roman lead and civilization of the south of France* [1]. »

Le bréviaire d'Alaric fut transcrit, sous le règne de Louis le Débonnaire, par un copiste Normand [2].

Lanfranc enseigna le droit romain à Avranches au XI° siècle, et ce droit était aussi vraisemblablement enseigné en l'école de Caen, fondée, elle aussi, par Lanfranc et qui, nous dit l'Abbé de la Rue, était si florissante au XII° siècle [3].

Plus tard, à l'époque de la Renaissance, le droit de Justinien fut étudié en Normandie. On trouve, dans les écrits du XII° siècle, des allusions fréquentes au *romanæ leges*; mais il ne semble pas que les études théoriques aient eu une grande influence sur la pratique. C'est que le droit germanique, combiné avec le droit scandinave, avait poussé de trop profondes racines

---

1. *Placita Anglo-Normanica*, London 1879, p. XI.

2. Caillemer, *Le droit civil dans les provinces anglo-normandes au XII° siècle*, p. 159, 165. (*Mémoires de l'Académie rationale des Sciences, Arts et Belles-Lettres de Caen*, année 1883.)

3. De la Rue, *Essais historiques sur la ville de Caen et son arrondissement*, t. ii. p. 70, édit. 1820.

dans les mœurs pour se laisser altérer par ce droit, fait pour une civilisation plus raffinée que celle des Northmans.

L'élaboration du droit, qui commence à cette époque, donna lieu à la rédaction d'ouvrages d'ensemble sur la coutume de Normandie.

Le premier en date est le très ancien coutumier, paru au XIIIe siècle en latin[1] et en français[2].

A la fin du même siècle, parut aussi en latin, en français, même en vers français, le grand Coutumier[3].

Dans la première moitié du XVe siècle paraissaient « Les styles de procéder », contenant les détails de la procédure devant les diverses juridictions de la Normandie.

L'un est intitulé « Coutumes, style et usages au temps des Échiquiers de Normandie »[4].

L'autre a pour titre « le Style de procéder en pays de Normandie »[5].

A la même époque, une jurisprudence se

---

1. TARDIF. *Statuta et consuetudines Normanniæ*, T. I des Coutumiers de Normandie.

2. MARNIER, *Établissements et coutumes, assises et arrêts de l'Échiquier de Normandie*.

3. TARDIF, T. II. — BOURDOT DE RICHEBOURG, T. IV, p. 1 et suiv. Nouveau Coutumier général de 1724. — HOUARD, *Dictionnaire de droit normand*, T. IV, p. 49 et suiv. du supplément.

4. *Mémoires de la Société des Antiquaires de Normandie*, T XVIII, DE VALROGER.

5. A la suite de beaucoup d'éditions du grand Coutumier.

formait, dont les plus anciens arrêts nous ont été conservés [1].

C'est en s'inspirant de ces précédents que fut votée la coutume de Normandie de 1583, qui a été l'objet d'un grand nombre de commentaires jusqu'à la fin de l'ancien droit.

Elle a été modifiée par un certain nombre de règlements du Parlement de Rouen, dont le plus important est celui de 1666 (Placités) [2].

Telles sont les principales sources où nous allons puiser les matériaux qui nous serviront à étudier les règles de l'inaliénabilité des biens de la femme normande.

Mais, avant d'entrer dans l'examen de cette question spéciale, qui fait l'objet de ce travail, nous devons rechercher quel était le régime légal des biens entre époux, « le droit des gens mariés » [3], pour emprunter l'expression du Guy Coquille.

C'est une condition essentielle, nous semble-t-il, pour comprendre dans ses détails le principe de l'inaliénabilité des biens de la femme normande.

[1]. Léopold Delisle a publié le recueil des jugements de l'Échiquier au XIII° siècle. — LECHAUDEY D'ANISY, *Mémoires de la Société des Antiquaires de Normandie*, T. XV, p. 150.

[2]. BOURDOT DE RICHEBOURG, T. IV du nouveau Coutumier général à la suite du grand Coutumier.

[3]. Coutume de Nivernais, chap. XXIII.

CHAPITRE PREMIER

RÉGIME MATRIMONIAL NORMAND

La coutume de Normandie organisait un régime matrimonial[1] qui se rapprochait beaucoup du régime dotal par la prohibition d'aliéner les biens de la femme. Elle excluait le régime de communauté, sans toutefois établir une complète séparation d'intérêts entre les époux.(Art. 389.)

Ils avaient, en effet, à la dissolution du mariage des droits à exercer respectivement sur les biens l'un de l'autre. En fait d'ailleurs, malgré les termes absolus de l'art. 389, le régime de communauté n'était pas inconnu en Normandie. Mais il n'existait guère qu'à l'état d'exception négligeable, et ne pouvait porter que sur les biens roturiers[2].

1. Le régime matrimonial normand était légal, et nul ne pouvait y déroger.

Nous savons, au contraire, que le Code civil laisse la plus grande latitude aux époux, qui peuvent régler leurs conventions matrimoniales comme ils le jugent à propos, et qu'il ne régit l'association conjugale, quant aux biens, qu'à défaut de conventions spéciales.(Art. 1387 Code civil.)

2. Le Code civil a, au contraire, fait du régime de communauté le régime légal, en ce sens qu'à défaut de stipulations spéciales il forme le droit commun. (Art. 1393.)

Nous donnerons une idée sommaire du régime des biens entre époux sous l'empire de la coutume de Normandie en étudiant successivement :

1° La constitution de dot,

3° Les droits du mari durant le mariage,

3° Les droits des époux à la dissolution du mariage.

SECTION PREMIÈRE

Constitution de dot

L'esprit féodal, qui s'était profondément implanté en Normandie, avait eu pour conséquences d'exclure les filles, au profit des mâles, de la succession de leurs père et mère [1].

Cette tendance trouve un nouvel appui dans le désir de conserver les biens dans les familles.

C'était aussi en Normandie, comme dans les autres coutumes, un principe certain que : « Ne dote qui ne veut. »

« Le père et la mère, dit l'art. 250 de la coutume, peuvent marier leur fille de meubles sans héritage ou d'héritage sans meubles, et, si rien ne

---

[1] Le Poitevin, *Des droits de la fille ou du mariage avenant dans la coutume de Normandie*. (Nouvelle revue historique du droit français et étranger, année 1889, p. 636.)

lui a été donné, rien n'aura. » « La jeune fille doit se contenter d'un chapeau de roses [1] ou d'un bouquet de fleurs », comme on disait alors.

« Notre coutume, dit Basnage, a remis à la prudence et à l'affection du père de donner ce qu'il lui plaira ; et, s'il a estimé à propos de ne rien donner, la loi impose silence à la fille, parce que la loi présume que *pietas paterna consilium capit pro liberis*. Il suffit que son père l'ait pourvue par un mariage [2]. »

Si ces principes sont incontestables, il est aussi certain qu'en pratique les pères dotaient leurs filles.

La dot pouvait être constituée par le père seul ou par les deux époux conjointement.

Constituée par le père seul, elle pouvait l'être en biens à lui propres, meubles et acquêts. Il avait en effet un droit de disposition absolu sur cette dernière catégorie de biens [3].

Si le père avait constitué une dot à sa fille pour droits paternel et maternel, la mère n'était

---

2. Le chapeau de roses désignait aussi certaines redevances peu importantes. (*Journal du sire de Gouberville, gentilhomme campagnard du Cotentin* (1553-1562), édité par l'abbé Tollemer, 2ᵉ édition, p. 718.)

3. La loi est encore la même aujourd'hui, et, aux termes de l'art. 204 du Code civil, « l'enfant n'a point action contre ses père et mère pour un établissement par mariage ou autrement ».

Il est vrai qu'aujourd'hui les filles héritent comme leurs frères.

1. BASNAGE, T. I. p. 401 et suiv.

pas tenue ; mais il en aurait été autrement si elle avait signé au contrat de mariage [1].

En pareil cas, ou bien la dot était acquittée au cours du mariage, et le paiement était supposé fait en meubles et acquêts provenant, disaient les auteurs, « *ex communi collaboratione* », en sorte qu'il ne pouvait être exercé de recours sur les biens de la mère ;

Ou bien la promesse n'avait pas reçu exécution, et alors les père et mère ou leurs successions étaient tenus, non pour moitié comme dans les pays de communauté, mais à proportion des biens de l'un et de l'autre. [2]

Lorsque le mariage de la fille n'avait lieu qu'après le décès de ses père et mère, ses frères devaient lui constituer sa dot. Rien n'était plus légitime, étant donné que la fille était exclue de la succession. Aussi la coutume la considérait-elle comme créancière d'une dot convenable « *maritagium competens* ». (*Maritagium* est resté longtemps synonyme de dot [3].)

---

1. BASNAGE, T. I, p. 401.

2. BASNAGE, p. 402. — Le Code civil a traité des constitutions de dot faites par les père et mère à deux endroits différents, suivant que ces père et mère sont mariés sous le régime de communauté (1438 à 1440) ou sous le régime dotal (1544 à 1548). Il serait trop long d'entrer ici dans les détails.

3. HOUARD, Dictionnaire, au mot « *dot* ». — LE POITEVIN. *Des droits de la fille et du mariage avenant dans la coutume de Normandie.* (Nouvelle revue historique, année 1889, p. 636 et suivantes.)

Déjà, le très ancien coutumier consacrait l'obligation des frères de doter leur sœur : « *Si vero aliquis heres aliquam habeat sororem, eam maritabit de parte terre patris sui, vel de pecunia juxta posse suum, rationabiliter et in genere et in tenemento, nisi ipsa forisfecerit male vivendo et luxuriose*[1]. »

Le grand Coutumier établissait la même obligation en termes plus explicites: « *Sorores autem in hereditatem patris nullam portionem debent reclamare versus fratres vel eorum heredes, sed maritagium possent requiere, et si fratres eorum et mobili sine terra vel cum terra vel ex terra sine mobili eas voluerunt maritare viris eis idoneis sine disparatione, hoc eisdem debet sufficere*[2]. »

On trouve la même obligation répétée à plusieurs reprises dans le même recueil : la citation que nous venons de faire suffit à établir nettement les deux termes de l'obligation des frères.

Ou bien ils avaient marié leur sœur avec une dot convenable, ou même sans dot, si, dans ce cas, elle n'était pas déparagée, et alors ils étaient quittes envers elle ;

Ou bien ils refusaient de la marier et elle

1. Très ancien coutumier, première partie, chapitre X « *De maritagio sororum.* » Édition Tardif, p. 10.

2. *Summa de legibus Normanniæ.* Chapitre XXIV, *De portionibus*, édition Tardif, p. 83.

avait droit à une partie de la succession pour lui tenir lieu de dot.

Il est à remarquer que, si elle refusait un mariage convenable, elle perdait tout droit soit à un *maritagium competens*, soit à la *pars hereditatis loco maritagium*.

Nous trouvons ces solutions consacrées en termes identiques par la coutume de 1583. Cependant, une interprétation plus bienveillante des textes, parfois même des solutions expresses de la coutume garantissent mieux qu'autrefois les droits de la femme.

Les frères étaient toujours tenus de lui fournir un *maritagium competens* ; mais, tandis qu'autrefois ils étaient libérés de cette obligation s'ils lui procuraient un mariage convenable, la jurisprudence nouvelle les astreignait, même dans ce cas, à fournir une dot.

S'ils refusaient de s'occuper de son établissement, elle acquérait un droit à leur portion de la succession (art. 264); mais elle n'était pas déchue de ce droit par cela seul qu'elle avait refusé d'accepter le choix fait par son frère.

En pareil cas, l'art. 265 décidait que, « si la sœur ne veut accommoder son consentement selon l'avis de ses frères et de ses parents sans une cause raisonnable, quelque âge qu'elle puisse par après atteindre, elle ne pourra demander partage, mais mariage avenant seulement. »

Enfin, l'usage s'était introduit de faire arbitrer par la famille le montant de la dot.

L'art.262 le consacrait en ces termes: « Mariage avenant doit être estimé par les parents eu égard aux biens et charges des successions des père et mère, ayeul ou ayeulle ou autres ascendants en ligne directe tant seulement, et non des successions échues d'ailleurs aux frères.... »

Du jour où ce mode de règlement fut établi, la dot s'appela indistinctement mariage avenant ou légitime. La quotité des droits de la sœur était désormais soustraite à l'arbitraire.

En résumé, à partir de la coutume, trois situations peuvent se présenter :

1° Ou bien une convention intervenait entre le frère et la sœur, qui fixait amiablement la dot.

Le frère était quitte, même si la dot était inférieure à la légitime, pourvu qu'il n'y eût pas mésalliance. On considérait, en pareille hypothèse, disent les auteurs, que « le douaire et les autres avantages dont elle profite par le mariage suppléent à ce qui lui fait défaut, [1] à moins toutefois qu'il n'y ait eu dol des frères» [2].

1. FLAUST, *Commentaires de la coutume de Normandie*. I., p. 230. BASNAGE, I. p. 409.
2. ROUPNEL, I. p. 276, note 1.

Le frère était, à la différence du père, tenu d'une obligation civile de doter; aussi était-il obligé à garantie [1].

Une autre différence, qui découlait de la même idée, consistait en ce que le père pouvait, au lieu de donner à sa fille, donner à son gendre en don mobile.

2° Dans d'autres cas, la fille pouvait être héritière et admise au partage au lieu de recevoir une dot; c'est ce qui arrivait:

a.— Si elle avait été réservée par son père ou par sa mère ou par tous les deux ensemble sur leur succession;

b.— Si, après avoir atteint sa majorité, fixée à 20 ans, un délai d'an et jour s'était écoulé depuis qu'elle avait demandé son mariage avenant, et que le frère eût refusé sans motif un parti convenable: on considérait qu'il y avait là une peine du refus injustifié du frère. Mais les commentateurs font remarquer qu' « on n'a pas d'exemple que cette peine ait été prononcée» [2].

c.— Si le frère la recevait volontairement au partage; mais, en pareil cas, elle pouvait refuser et préférer sa légitime.

d.— Enfin aux termes de l'art. 263, « le fisc ou autre créancier subrogé aux droits de l'aîné

1. BASNAGE, I, p. 406.
2. FLAUST, I, p. 237.

avant le partage fait doit bailler partage aux filles, et n'est reçu à leur bailler mariage avenant.

3° La troisième situation qui pouvait enfin se présenter pour la fille, et qui se présentait normalement, consistait dans l'attribution qui lui était faite d'un mariage avenant arbitré par ses parents. (Art. 262.) Ce texte paraît considérer que la légitime n'était due à la sœur que sur les successions recueillies par ses frères en ligne directe.

Il pouvait être dû sur les successions collatérales (art. 320), et les commentateurs recommandent aux frères riches de doter une sœur pauvre [1].

Nous nous bornerons à une indication succincte sur le mode de calcul du mariage avenant; il nous suffit d'indiquer le principe, que l'on peut formuler ainsi: « Le vœu de la coutume de Normandie est que toutes les sœurs ensemble aient le tiers de la succession par leur mariage avenant et jamais davantage.... » Il y a plus: si, en leur donnant le tiers, la légitime de chaque sœur excède la part d'un des frères, il faut la réduire à égalité avec les frères » [2] ?

Le droit de la sœur est considéré comme une

---

1. GODEFROY sur BÉRAULT. I, p. 665.
2. DUVAL DUBAZET, *Méthode de liquider le mariage avenant des filles en Normandie par l'arithmétique*, p. 6.

créance et non comme une part héréditaire; mais cette créance est due solidairement par les frères, et garantie par une hypothèque grevant la succession ; plus exactement, elle est une créance foncière qui permet à la fille d'exiger que les immeubles mêmes de la succession soient baillés à due estimation pour le paiement de son mariage [1].

SECTION II

Droits du mari sur les biens de la femme

La personnalité de la femme disparaissait et s'absorbait dans celle du mari. C'est une conséquence du vieux principe germanique et scandinave du *Mundium*. « L'homme et la femme, dit le grand Coutumier [2], sont deux en une chair, et leur possession ne doit être qu'une, de quoi le mari a la seigneurie, et ne peuvent femmes ne rien avoir que tout ne soit à leur mari. Et pour ce, doit l'en savoir que femme mariée ne peut faire aucun marchié de nulle possession sans le consentement de son mari, ne rien vendre tant comme il vie, ne encombrer en dehors de luy

1. PLACITES. art. 121 et 122.
Le POITEVIN, p.671.
2. TERRIEN. *Commentaire sur la coutume*, p. 16.

qu'il ne puisse rappeler. Mais de ce que la femme est en la poestre de son mary, il peut faire à la volonté d'elle et de ses choses et de ses héritages, et ne peut la femme rappeler ce qu'il fait, ni estre ouye tant qu'ils vivent en derrière de luy, mais ils doivent être ouys ensemble de toutes les choses qui appartiennent à elle [1]. »

La puissance maritale conférait donc au mari des droits à la fois sur la personne et sur les biens de la femme.

Laissant de côté le pouvoir sur la personne [2], nous remarquerons, en ce qui concerne le pouvoir sur ses biens, que, s'il est resté toujours très étendu, la jurisprudence a organisé une série de garanties qui ont eu pour résultat de conserver la dot à la femme dans tous les cas.

Le principe était posé dans toute sa rigueur par Terrien : [3] « La possession des gens mariés ne doit être qu'une, de quoi le mari a la seigneurie, et ne peuvent femmes rien avoir pour elles que tout ne soit à leur mari. »

Grâce à la théorie de l'inaliénabilité, à laquelle nous allons consacrer cette étude, le droit du mari sur les immeubles se réduisait à un

1. Terrien, *Commentaires du droit civil*, livre II, chap. 1, p. 16.
2. Cauvet, *Le droit civil de la Normandie au XIIIe siècle*, p 8. Code civil, art. 212 et suivants.
3. Terrien, p. 235.

droit de jouissance et d'administration d'ailleurs très étendu [1].

Le mari était usufruitier de tous les immeubles de sa femme ; la distinction des biens en dotaux et non dotaux ne présentait aucun intérêt à ce point de vue, et n'était faite qu'au point de vue du remploi.

Il administrait tous ces biens avec de larges pouvoirs. Les commentateurs disent que le mari est plus qu'administrateur ; il est « *dominus dotis* ».

Au cours du mariage, les contrats entre époux étaient prohibés, aussi bien les contrats à titre onéreux que les donations [2]. (Art. 410.) Nous aurons à voir seulement que le mari pouvait céder un de ses immeubles à sa femme, à titre de remploi. (Art. 411.)

La prohibition des donations entre époux était entendue d'une façon très rigoureuse, au point de faire prohiber les libéralités de l'un d'eux au profit des parents de l'autre. (Art. 422.)

---

1. Le Code civil donne aux maris, sur les biens dotaux, des droits de jouissance et d'administration également très étendus. (Art. 1549.) Ces droits de jouissance et d'administration sont moins étendus sous le régime de communauté (comparer art. 1428 à 1549), et n'existent pas dans les divers régimes de séparation de biens. (Art. 1537 et 1448.)

2. Le Code civil, au contraire, autorise ces donations entre époux, l'étendue de cette autorisation variant suivant que l'époux laisse ou non des descendants. (Art. 1091.)

On n'y apportait pas la dérogation généralement admise par les autres coutumes, et consistant à autoriser le don mutuel [1].

SECTION III

Droits respectifs des époux à la dissolution du mariage

Nous allons étudier successivement les droits de la femme et du mari.

La femme a droit à la restitution de sa dot et des paraphernaux.

Elle a droit en outre au douaire et à une part dans les meubles et conquêts.

Le mari veuf a un droit de viduité.

§ 1er

DROITS DE LA FEMME

a

La femme pouvait d'abord se faire restituer sa dot.

Nous verrons, en étudiant la portée du principe de l'inaliénabilité, comment cette restitution de la dot était garantie.

1. Coutume de Paris, art. 230 et suivants.

L'hypothèque légale accordée à la femme complétait la garantie de restitution.

Nous serons amené à donner sur cette matière quelques développements au cours de cette étude.

Pour que la femme fût recevable à demander la restitution de sa dot, il fallait qu'elle prouvât que cette dot avait été payée ; la preuve s'en faisait au moyen d'une quittance [1]. Pour éviter la fraude, une ordonnance de Louis XIII décidait que la quittance de dot serait passée devant notaire à peine de nullité, au regard des créanciers seulement. Une quittance sous seing privé suffisait à l'égard des héritiers du mari : la jurisprudence considérait même une pareille quittance suffisante à l'égard des créanciers, si elle avait été passée de bonne foi.

Il arrivait parfois que le mari qui n'avait pas touché la dot en donnait pourtant quittance : c'était un moyen commode de faire une libéralité à sa femme.

2. Le Code civil exige, lui aussi, une preuve par écrit de la réception de la dot, si cette dot excède 150 fr. et a été apportée par la femme. (Art. 1341.) Si, au contraire, elle est inférieure à 150 fr., ou a été constituée par un tiers, la femme pourra faire la preuve par témoins ou par présomptions. (Art. 1348 et 1353.) Il y a même un cas dans lequel la loi dispense la femme de toute espèce de preuve : c'est celui de l'article 1569, c'est-à-dire « si le mariage a duré dix ans depuis l'échéance des termes pris pour le paiement de la dot ».

Les héritiers pouvaient-ils opposer l'exception de dot non payée et de deniers non nombrés ?

On sait que le législateur romain avait introduit l'exception *non numeratæ dotis* à côté de l'exception *non numeratæ pecuniæ*. Justinien avait décidé que le mari qui avait reconnu avoir reçu une dot pouvait contester la quittance pendant un an après la dissolution du mariage [1].

Cette pratique reçut aussi son application dans notre coutume. Basnage, considérant qu'« il serait injuste d'obliger la femme à vérifier qu'elle ou ses parents ont actuellement payé les deniers dont son mari a baillé la quittance, surtout lorsqu'elle a été passée devant des personnes publiques », enseignait que « non seulement on dispense les femmes de faire ces preuves, mais que même on ne reçoit pas la preuve des faits contraires » [2].

Cette doctrine, qui était exacte en principe, demande à être tempérée par des restrictions consacrées par la jurisprudence.

---

1. Code V, 15, *De dote cauta non numerata.*

La Novelle 100 établit certaines distinctions quant au délai dans lequel devait être exercé la *querela*. Ce délai était d'un an : *Si intra biennium solvatur matrimonium, si autem ultra biennium usque ad decimum annum intendatur, et ipsi marito et heredi ejus intra tres menses querela permittitur, sed si decennium transcurrerit, omnino deneqatur, permissa restitutione in integrum præfinita; et specialiter si minor ætas interveniat.*

2. Basnage, II, p. 148

En premier lieu, les héritiers du mari étaient recevables à refuser la restitution lorsque la fraude était apparente.

En second lieu, on les admettait le plus souvent à déférer le serment probatoire à la femme [1].

A l'inverse, il pouvait arriver que la femme n'eût pas de quittance. En pareil cas, on admettait dans les pays de droit écrit que, si 10 ans s'étaient écoulés depuis le mariage, le mari était censé avoir reçu la dot. (C'est encore la solution admise par notre Code civil, art. 1569.)

Un arrêt du 31 janvier 1652 avait conservé cette solution dans notre coutume [2]. Certains auteurs se refusaient cependant à admettre cette présomption [3]; d'autres décidaient qu'elle pouvait bien être opposée aux héritiers du mari, mais non à ses créanciers [4].

b

L'usage s'était introduit de permettre à la femme de reprendre les linges et hardes à son

1. Arrêts du 27 septembre 1393 et du 19 août 1602 (ROUPNEL sur Pesnel, p. 512). Arrêts de janvier 1658, décembre 1671, 17 janvier 1689. (Dans cette dernière espèce, les présomptions étaient que la femme n'avait rien apporté à son mari.) Arrêts du 20 décembre 1830 et 13 mai 1742 (ROUPNEL sur Pesnel, p. 713).

2. BASSAGE, 1, p. 550.

3. FLAUST, I, p. 404.

4. ROUPNEL sur Pesnel, p. 705.

usage [1]. On donnait à ses biens le nom de paraphernaux. La dénomination était très impropre:
on sait en effet que le droit romain, comme le
droit moderne, qualifiait de paraphernaux les
biens dont la femme dotale se réserve l'administration et la jouissance.

Une réserve de ce genre n'aurait même pas
été possible en notre coutume, ou eût été considérée comme portant atteinte aux droits du
mari. La femme pouvait donc, à la dissolution du
mariage, demander ses paraphernaux; et, aux
termes de l'art. 395, « les biens paraphernaux
se doivent entendre des meubles servant à
l'usage de la femme, comme seraient lit, robes,
linges et autres de pareille nature, desquels le
juge fera honnête distribution à la veuve, en
essence, eu égard à la qualité d'elle et de son
mari ».

Cet usage s'était établi dès une époque
reculée. Houard nous rapporte sur ce point une
décision de l'Échiquier de 1306, qui accordait
à Marguerite de Hainaut, pour paraphernaux,
« un char sans chevaux, une robe à son choix,
un lit garni et une pièce de chaque vaisselle, à
l'exception toutefois de la vaisselle en métal
précieux ».

1. Il en est de même sous le Code civil (art. 1492-1566).

Il semble, comme le fait remarquer Basnage, que les paraphernaux ne fussent accordés à la femme que « par grâce et par commisération ».

Aussi eût-il semblé naturel de refuser le droit de les demander aux héritiers de la femme. Le Parlement de Rouen se prononça en sens contraire, en considérant les paraphernaux comme des propres de plein droit à la femme en vertu de la coutume [1].

c

La coutume de Normandie avait assuré d'une façon particulièrement énergique le droit au douaire, reconnu à la femme par tout l'ancien droit coutumier. Elle avait toujours maintenu la vieille règle que la « femme gagne son douaire au coucher ». (Art. 367.)

Dans le très ancien Coutumier, le douaire paraît résulter d'une donation conventionnelle en meubles et immeubles [3]; il devient ensuite légal et coutumier.

---

1. Arrêts du 26 août 1625 et 30 juillet 1627.

2. Très ancien Coutumier, p. 4. *Summa*, chap. 101, p. 251, édition Tardif. — Coutume de Normandie, art. 367 à 391. — Ce droit au douaire a disparu avec le Code civil.

3. Très ancien coutumier, chap. 79 § 10, p. 84, édit. Tardif.

— 25 —

Il portait sur tous les immeubles que le mari
possédait au jour du mariage, ou qui lui adve-
naient par succession en ligne directe.

Par une faveur que l'on retrouve dans certaines autres coutumes, la femme pouvait faire
porter son douaire sur les immeubles des ascendants du mari décédés après lui. Ce douaire
avait sa source dans le concours des parents au
contrat de mariage ; il était appelé « douaire
assensu patris[1] ».

La quotité du douaire était fixée au tiers en
usufruit, contrairement à l'usage général des pays
coutumiers, où il était de moitié, conformément à
une ordonnance de Philippe-Auguste de 1204.

Contrairement à l'adage que « jamais mari
ne paiera douaire[2] », notre droit permettait à la
femme de demander son douaire en cas de mort
civile résultant d'une condamnation ou de vœu
monastique[3], en cas de longue absence du mari[4],
et aussi lorsque la séparation de corps ou de
biens était prononcée contre lui, ou qu'il était
devenu insolvable[5].

Le douaire n'était qu'une donation légale ne

<hr>

1. COLIN, *Nouvelle Revue historique du droit français et étranger*,
année 1892, p. 116 et suivantes.
2. LOYSEL, *Institutes coutumiers*, L. 1, titre III, reg. 6.
3. PESSELIE, p. 31.
4. BERVILE, t. II, p. 6.
5. FESNAGE, t. II, p. 16, 17.

produisant son effet légal qu'au décès du donateur. A ce moment, la femme était investie d'un véritable droit réel qui lui permettait de suivre les immeubles affectés à son douaire entre les mains des tiers. Et la coutume était tellement protectrice des droits de la femme, que toute renonciation anticipée à son recours contre les tiers était frappée de nullité comme contenant une intercession prohibée par le sénatus-consulte Velléien [1].

d

PARTS DE LA FEMME DANS LES MEUBLES ET CONQUÊTS

Malgré les termes de l'art. 389, qui prohibait l'établissement d'un régime de communauté entre les époux, la coutume permettait à la femme de participer aux acquisitions faites au cours du mariage. « Il n'eût pas été raisonnable, dit Basnage, de priver entièrement les femmes du fruit de leurs peines : il arrive souvent que, par leurs soins et leurs bons ménages, elles ne contribuent pas moins que leur mari à l'accroissement de leur fortune [2] ».

Aussi plusieurs auteurs modernes ont-ils

1. FROLAND, p. 775 et suiv. *de ses Mémoires sur le sénatus-consulte Velléien.*
2. BASNAGE, T. I, p. 492.

pensé que la prohibition de l'art. 389 n'avait aucune valeur [1].

Telle n'était pas l'opinion de nos anciens jurisconsultes qui, considéraient le droit de la femme comme un droit de succession et non pas comme un droit de communauté [2].

Ils concluaient que le droit de la femme était de statut réel, au lieu que, s'il eût été considéré comme une conséquence du régime matrimonial, il eût été rangé dans le statut personnel.

C'était aussi l'opinion de la jurisprudence [3].

Il fallait distinguer cependant entre les droits de la femme sur les meubles et sur les conquêts ordinaires et son droit sur les conquêts en bourgages [4].

I

Droits de la femme sur les meubles et les conquêts ordinaires

La femme avait droit au tiers des meubles en pleine propriété, et au tiers des acquêts ordinaires en usufruit?

Ce double droit ne s'ouvrait que par le prédécès du mari.

1. Voir HOMBERG, *Des abus du régime dotal*, et TARDIF, *Origines de la communauté de biens entre époux.*
2. BASNAGE. T. II. p. 72 et suiv. — HOUARD, *Communauté*, T. I, p. 301.
3. Arrêt du 3 août 1739 (De Martorey). — HOUARD. T. I. p. 307.
4. COLIN, *Nouvelle Revue historique*, p. 155, *Le droit des gens mariés dans la coutume de Normandie*, année 1899.

Si la femme mourait la première, ses héritiers n'avaient rien à prétendre : c'était bien là la caractéristique du droit de succession. La plupart des solutions consacrées par la coutume et la jurisprudence étaient conformes à cette idée. C'est ainsi que la séparation de biens ne donnait pas ouverture à ce droit.

C'est ainsi encore que la femme qui exerçait ce droit était tenue envers les créanciers du mari comme héritière, et non comme femme commune. Elle ne pouvait pas se prévaloir du bénéfice d'émolument.

Grevée de l'obligation de garantie qui pesait sur le mari, elle ne pouvait poursuivre le tiers acquéreur d'un immeuble dotal.

Il en eût été autrement, dans l'opinion générale, si elle avait agi comme commune, et la plupart des auteurs coutumiers admettaient que la femme commune acceptante pouvait revendiquer le propre aliéné par le mari [1].

II

Droits de la femme sur les conquêts en bourgage

Les conquêts en bourgage étaient les immeubles urbains acquis au cours du mariage.

[1]. POTHIER, *Traité de la communauté*, n° 258.

La détermination exacte de ces biens présentait de sérieuses difficultés. Il faut s'en référer aux usages locaux. La liste en fut dressée lors de la réformation de la Coutume; elle est rapportée par les commentateurs.

La femme avait droit à la moitié de ces biens en toute propriété [1].

C'était un véritable droit de communauté, dont il faut chercher l'origine, moins dans la tradition scandinave [2] que dans le développement du droit normand.

Inconnu, en effet, lors de la rédaction du très ancien Coutumier [3], il apparait dans le grand Coutumier [4]. Les époux ne pouvaient élever la quotité du droit de la femme : « Quelque accord ou convenant qui ait été fait par contrat de mariage et en faveur d'iceluy, dit l'art. 330, les femmes ne peuvent avoir plus grande part aux conquêts faits par le mari, que ce qui leur appartient par la coutume, à laquelle les contractants ne peuvent déroger. »

Le droit s'ouvrait au profit de la femme par le décès du mari ou par la séparation de biens.

1. Voir l'art. 1471 du Code civil, sur le partage de la communauté.
2. LAFERRIÈRE, *Histoire du droit français*, T. V., p. 649.
3. COLIN, *Le droit des gens mariés dans la coutume de Normandie*. Nouvelle revue historique, année 1892, p. 465.)
4. *Summa de legibus*. Chap. 109, parag. 9, p. 249 *de brev. maritagii impediti* (Édit. Tardif).

Si la femme prédécédait, ses héritiers exerçaient ses droits.

C'était donc bien un véritable droit de communauté. Comme tel, il entraînait pour la femme et ses héritiers l'obligation de payer les dettes du mari, proportionnellement à la valeur des biens recueillis : tel était le principe.

En fait cependant, il arrivait très souvent que la femme était tenue du paiement des dettes sans limitation pour pouvoir invoquer le bénéfice d'émolument.

Ce résultat se produisait à raison de ce que la femme ne pouvait accepter sa part de communauté sur les conquêts en bourgage, sans accepter en même temps sa part dans les meubles et conquêts ordinaires. Or, de ce chef, elle était tenue comme héritière, c'est-à-dire solidairement, de toutes les dettes du mari.

C'était donc seulement lorsque la succession du mari ne s'ouvrait pas que le droit de communauté n'entraînait qu'une contribution proportionnelle au paiement des dettes.

C'est ce qui arrivait en cas de séparation de biens ou lorsque la femme prédécédait. Dans cette seconde hypothèse, en effet, les héritiers de la femme n'étaient appelés qu'à recueillir sa part sur les conquêts en bourgage. Le droit des héritiers, identique en principe à celui de la femme, subissait cependant une double restriction :

1° D'abord, il pouvait être restreint par l'exercice du droit de viduité du mari ;

2° En second lieu, le mari ou ses héritiers pouvaient exercer le retrait entre les mains des héritiers de la femme. (Art. 332.)

On avait vainement proposé d'appliquer le retrait à la femme; la jurisprudence avait toujours repoussé cette extension [1].

§ 2

DROIT DE VIDUITÉ DU MARI

Le mari survivant jouissait d'un droit d'usufruit portant sur tous les biens de sa femme. Ce droit était plus étendu que le douaire.

Cette institution remonte à une date très reculée. On trouve dans les lois germaniques un usage analogue.

Le grand Coutumier consacrait ce droit dans les termes suivants:

« Coustume est en Normendie de piecea que si ung homme a heu femme de quoi il ait heu enfant qui ait été nay vif jà soit ce qu'il ne vive

---

1. COLIN, *Nouvelle revue historique*, p. 162.

mais : toute la terre qu'il tenoit de par sa femme eu temps qu'elle mourut lui remaindra tant comme il se tiendra de se marier... Et si len nie qu'il eu oncques enfant vif de sa femme soit enquis par les gens du voisiné où il se dit que l'enfant fut ney. » [1]

Deux conditions étaient donc exigées par ce texte pour que le mari acquit et conservât son droit de viduité,

1° Il fallait d'abord qu'il ne se remariât pas.

Sur ce point, la coutume de 1583 se montre moins rigoureuse.

Aux termes de l'article 382, en effet, « homme ayant eu enfant né vif de sa femme jouit par usufruit, tant qu'il se tient en viduité, de tout le revenu appartenant à sa dite femme lors de son décés, encore que l'enfant soit mort avant la dissolution du mariage, et s'il se remarie, il n'en jouira que du tiers ».

Le nouveau mariage du mari avait donc pour effet unique de réduire au tiers son droit d'usufruit.

2° La seconde condition à laquelle était subordonné l'exercice du droit de viduité était l'existence d'un enfant né vivant de son épouse prédécédée. Il fallait que l'enfant fût né vivant,

1. Bourdot de Richebourg, *Nouveau Coutumier général*, T. IV. *Le Grand Coutumier*, chap. 119 de *Vesvete de homme*, p. 51.

c'est-à-dire, suivant le commentaire qu'en donnent les anciens auteurs, « qu'il ait ouvert les yeux et aperçu les quatre murs ». Mais il importe peu qu'il ait ou non survécu à sa mère.

Le père exerçait son droit d'usufruit à l'encontre des héritiers de la femme, quels qu'ils fussent, même si c'étaient des enfants nés d'un mariage antérieur.

Il était seulement tenu de subvenir à leurs besoins et de marier sa fille, à moins qu'il ne préférât leur abandonner le tiers des revenus de leur mère.

Tel est, brièvement exposé, le régime matrimonial normand.

Nous avons cru que cette vue d'ensemble était nécessaire avant de pénétrer dans l'étude approfondie de l'inaliénabilité des biens de la femme.

Nous allons étudier les garanties assurées à la femme pour la restitution de sa dot.

Il importait de savoir comment cette dot était constituée et administrée.

Il était utile aussi de connaître les droits que la femme pouvait prétendre contre son mari à la dissolution du mariage.

CHAPITRE II

ORIGINE DE L'INALIÉNABILILE DES BIENS DE LA
FEMME EN COUTUME DE NORMANDIE

Le principe de l'inaliénabilité a été formulé
dans cet adage : « Dot de la femme ne peut
périr. »

La dot était donc inaliénable, insaisissable.

A quel moment se sont introduites, dans le
droit normand, ces garanties de conservation ?
Quelle est *l'origine de l'inaliénabilité dotale ?*

Les indications que nous avons fournies au
début de cette étude sur l'origine du droit normand en général, vont nous servir à la solution
de cette question.

Et d'abord, l'inaliénabilité des biens de la
femme normande vient-elle du *droit scandinave ?*

On l'a prétendu [1].

Sans nier l'influence des coutumes que les Northmans ont dû importer avec eux en débarquant sur le sol de notre province, nous croyons qu'il faut remonter plus haut pour trouver la source de l'inaliénabilité dotale.

Nous croyons que cette inaliénabilité remonte jusqu'au droit germanique.

Du reste, nous avons déjà dit que le droit scandinave avait lui-même une origine germanique, et n'était qu'une branche de ce droit.

Mais l'inaliénabilité dotale ne vient-elle pas du *droit romain?*

On sait que la législation de l'empereur Auguste avait édicté l'inaliénabilité du fonds dotal, afin que la veuve retrouvât sa dot intacte, et pût se remarier ainsi plus facilement.

Le mari ne pouvait aliéner le fonds dotal italique ni directement ni indirectement. Il ne pouvait pas davantage l'hypothéquer, soit que la loi Julia contînt cette prohibition, soit qu'elle résultât indirectement de l'application du sénatus-consulte Velléien.

---

1. LAFERRIÈRE, *Histoire du droit français.* T. V, p. 640 et T. VI, p. 461, Appendice sur le droit de famille et de succession dans le droit scandinave ancien et moderne.

La défense devint plus étroite encore sous l'empire de la législation de Justinien. Tandis que le consentement de la femme suffisait auparavant à valider l'aliénation, une constitution de 530 enleva au mari le pouvoir d'aliéner les immeubles dotaux, même avec le consentement de sa femme.

Le principe *germanique du « mundium »* conduisait, lui aussi, à l'inaliénabilité.

Le mari acquérait sur sa femme un pouvoir absolu.

La personnalité de la femme s'absorbait dans celle du mari, et le grand Coutumier en avait déduit cette conséquence que, « dès que la femme est dans la poeste de son mari, il peut faire à sa volonté d'elle et de ses choses ».

Cette règle, posée en termes absolus était inexacte. Les pouvoirs du mari en effet n'allaient pas jusqu'à l'aliénation des immeubles de la femme.

Comme, d'autre part, la femme n'avait pas de volonté propre, on était amené à dire que le consentement de la femme à l'aliénation de ses immeubles était inopérant, en sorte que l'immeuble se trouvait frappé d'inaliénabilité faute de pouvoir chez le mari, faute de capacité chez la femme.

C'est ce principe germanique qui, croyons-nous, est la base du système de l'inaliénabilité dans notre coutume.

Le droit romain, en effet, n'a exercé d'influence vraiment pratique sur notre droit qu'à partir du XIVe siècle environ. Or, à cette époque, le principe de l'inaliénabilité était déjà appliqué depuis longtemps.

Il est à remarquer, d'autre part, que, dans les pays qui ont suivi le droit romain, le principe de l'inaliénabilité a commencé par être tout relatif, conformément aux règles de la loi Julia, recueillie par le bréviaire d'Alaric. Le consentement de la femme validait l'aliénation, et ce n'est que plus tard, en se développant, que l'inaliénabilité devint absolue.

Dans le droit normand, la règle suivit une évolution en sens opposé.

Absolue à l'origine, l'inaliénabilité se transforma en une obligation de remploi sous la responsabilité du tiers acquéreur.

Cela montre que le droit normand suivit un développement indépendant du droit romain.

L'origine germanique de l'inaliénabilité dotale est encore confirmée par les différences essentielles qui séparaient les régimes matrimoniaux du droit romain et du droit normand.

D'après l'un, la femme conservait sa capacité sous réserve du sénatus-consulte Velléien ;

D'après l'autre, elle était pleinement incapable.

Tandis que la femme romaine pouvait se réserver la jouissance de certains biens auxquels on donnait le nom de paraphernaux, la femme normande ne le pouvait pas. On connaît le sens spécial qu'avait en droit normand le mot « paraphernaux ».

Enfin, un rapprochement avec le droit anglais montre que le droit normand a suivi un développement qui n'a rien de commun avec le droit romain. En Angleterre comme en Normandie, la personne du mari a absorbé celle de la femme.

« La femme et lui ne sont lors qu'une personne un ley », dit Littleton. [1] Et du même principe les commentateurs déduisaient les mêmes conséquences, à savoir que les immeubles de la femme ne pouvaient pas être aliénés par le mari seul, et ne pouvaient pas l'être davantage du consentement de la femme, qui n'a pas de volonté. [2]

---

1. LITTLETON, *Institut.*, livre II, section 168.
2. GIDE, *Condition privée de la femme*, p. 287. — GLASSON, *Histoire du droit et des institutions d'Angleterre*, T. II, p. 281 et suivantes. — GUILLOUARD, *Traité du contrat de mariage*, T. I, p. 32.

Partant de principes différents, le droit romain et le droit germanique sont arrivés à une même conclusion, l'inaliénabilité des biens de la femme.

Ce principe fut abandonné par une grande partie du droit coutumier, établissant entre les époux le régime de communauté de biens.

Il fut consacré par notre droit, qui non seulement écartait le régime de communauté comme régime de droit commun, mais en prohibait même l'établissement par convention.

Ce qui a favorisé encore le développement en Normandie du régime dotal, c'est que les traditions féodales y avaient poussé de profondes racines, et que le principe de l'inaliénabilité aboutissait à la conservation des biens dans les familles.

Aussi, les deux règles qui complétaient, en droit romain, le système de l'inaliénabilité, à savoir, la prohibition des donations entre époux et la défense faite à la femme d'intercéder pour autrui, se développèrent-elles promptement aussi en droit normand [1].

Quand le sénatus-consulte Velléien se répandit au nord de la France, la règle qu'il consacrait existait déjà en pays normand ; aussi la jurisprudence se montra-t-elle fidèle à l'observer,

---

1. GIDE, *Condition privée de la femme*, p. 444.

même après l'abrogation du sénatus-consulte
Velléien par l'édit de Henri IV.

L'inaliénabilité de la dot existait donc en
Normandie longtemps avant l'époque de la
rédaction du *Très Ancien Coutumier*, et ce monument ne faisait que la consacrer à nouveau,
lorsqu'il disait : « *Si vero sponsus vidue maritagium vel dotem invadiaverit uxoris sue, ipsa vivente vel forjurante, precepto mariti sui non
tenebitur ; sed mulier illa habebit et integra, sic
ut ei data fuerunt ante ostium ecclesie*[1].

Plus loin, il fait une opposition entre la
femme, fille ou veuve, et la femme mariée : tandis que la femme non mariée était pleinement
capable, la femme mariée était frappée d'incapacité.

« *Et quamdiu fuerit sine viro potest de terra
disponere sicut mares. Si autem duxerit virum,
durante matrimonio non valet aliquis contractus
factus de terra mulieris, immo revocabitur in irri-
tum post mortem mariti*[2].

il paraît bien résulter du texte que l'inalié-

1, Très ancien Coutumier, chap. IV, § 1, p. 3. *De radiis maritagiis sive dotis*. Édition Tardif.

2. Très ancien Coutumier, *Pars altera*, chap. 89, § 5, p. 81, *De
maritagio mulieris*. Édition Tardif.

nabilité qui frappait la dot était absolue. L'aliénation n'aurait pas été validée par le consentement de la femme, comme cela se passait en droit romain sous l'empire de la loi Julia, et comme ce fut la règle dans le midi de la France[1].

C'est une erreur, croyons-nous, de prétendre que notre coutume fut régie par la même règle[2].

Les textes ne permettent pas l'aliénation du consentement de la femme, et le fondement que nous avons assigné à l'inaliénabilité, appliqué dans sa rigueur, conduit nécessairement au même résultat.

Mais la femme pouvait ne pas invoquer la nullité de l'aliénation ; elle pouvait respecter le contrat passé par son mari, comme elle pouvait le méconnaître, même si elle avait consenti à l'aliénation.

L'auteur du très ancien Coutumier lui conseillait cependant de faire honneur aux engagements du mari : « *De perjurio agat mulier, per misericordiam si voluerit et si preceptum sponsi sui adimpletur, fecit quod debuit; mulier enim in multis et in plurimis et fere in singulis viro suo obedire debet.*[3] »

---

1. GLASSON, *Histoire du droit et des Institutions d'Angleterre*, T. II, p. 289 et suivantes.
2. VIOLLET, *Histoire du droit civil français*, p. 797.
3. Très ancien coutumier, chapitre IV, p. 3. Édition Tardif.

Ce n'est qu'un conseil.

La femme pouvait toujours revendiquer son immeuble aliéné entre les mains du tiers acquéreur ; celui-ci en était réduit à un recours contre les héritiers du mari, et ce recours pouvait être illusoire, si le mari était insolvable.

En pareil cas, nous dit le très ancien Coutumier, « *nihil de nihilo mercator accipiet* »[1].

Le texte français du très ancien Coutumier, publié par Marnier[2] d'après un monument conservé à la bibliothèque Sainte-Geneviève, formula la règle de l'inaliénabilité dans les termes suivants : « Et tant comme elle sera sans mari, elle peult faire de sa terre autresi comme li oir malle ; e se elle se marie, nus marchiez qui soit fez de la terre a la fame, tant comme li mariages dure ne vaut ; ainz sera toz rapelez après la mort au mari ; et ses oirs est tenuz a eschangier se il a de quoi ; et por ce li mariz est pas tenuz à respondre de la terre sa fame ne ce ne griève de riens la fame que l'on en pléde contre li ; ne elle n'en doit respondre en derrière son mari et ce qui est fet autrement doit estre rapelé. »

---

1. Très ancien Coutumier, *De rediis maritagiis sire dotis*, chapitre iv. § 3, p. 3. Édition Tardif.

2. Marnier, *Établissements et coutumes, assises et arrêts de l'Échiquier de Normandie au XIIIᵉ siècle (1207-1245)*, p. 65.

Ce jurisconsulte nous rapporte encore les décisions rendues dans les assises tenues par les barons à Caen, Falaise, Bayeux et Orbec[1].

En l'an 1234 au mois d'avril, à Caen, il fut jugé que « *Heredes mariti defuncti qui obligavit maritagium uxoris sue tenentur illud delibeare et ponere proprium suam hereditagium in manu creditorum: hoc fuit judicatum de uxore Philippi de Monteforti defuncti.* »

L'*Échiquier* de Normandie eut plusieurs fois à faire l'application du principe de l'inaliénabilité.

Voici, par exemple, une décision de l'Échiquier de Pâques, tenu à Rouen en 1235, qui nous est rapportée par Léopold Delisle[2] : *Judicatum est quod domina katerina de Cadros habebit terram suam quam maritus suus impedivit et tradidit Caloto Judeo, non obstante hoc quod maritus suus eam attornasset loco sui.*

Voici une autre décision de la session de la Saint-Michel, tenue à Rouen en 1224[3] : « *Judi-*

---

1. Ouvrage précité, p. 87 et suivantes.

2. LÉOPOLD DELISLE, *Jugements de l'Échiquier de Normandie au XIIIe siècle (1207-1270* (édition de 1864), p. 128, n° 552.

3. Voici le texte français de ces deux documents publiés par Marnier: « Il fut jugé que Madame Katerine de Flandre, aura son héritage que les maris *vendit et encombra et bailla à Charlothe le Juif,* si que il ne remaindra pas parce que ses mariez l'avait atorné en lieu de lui. » (P. 165.)

Nus aages ne peut nuire a fame veve que elle n'ait dedans l'an et le jor le requenoissant de son mariage encombré, et se elle ne le demande dedans l'an, l'on ne luy répondra pas puis. (P. 153.)

catum est quod nulla ætas potest nocere quin omnis vidua mulier habeat recognitionem de maritagio suo encumbrato (ce mot ne se trouve pas dans la première édition), *si petierit ipsa intra diem et annum, et si non petierit infra diem et annum non respondebitur* [1]. »

La règle de l'inaliénabilité absolue fut encore consacrée par le *Grand Coutumier,* dans la seconde moitié du XIIIe siècle [2], dans les termes suivants :

« *Notandum est quod vir uxori suæ dicitur maritagium impedire cum illud a saisina sua quocunque modo patitur declinare et si eciam ipsa illud venderet et abjuraret, nisi tamen per legem plene celebratam et per judicium obtentum fuerit et receptum ut per duellum vel per recognitionem plene et per judicium deductam, quoniam si hoc per concordiam fieret, mulier non teneretur observare. Cum enim mulier sub potestate*

---

1. Léopold Delisle. *Jugements de l'Echiquier,* p. 102, n° 443

2. Le grand Coutumier fut rédigé entre 1270 et 1275, suivant M. Glasson ; entre 1254 et 1258, d'après M. Tardif. (*Summa de legibus,* Introduction, p. 194. Le grand Coutumier est peut-être le monument le plus important de notre droit normand, d'abord, parce qu'il a eu une influence sur notre droit durant plus de trois siècles, et qu'il est la base de la coutume réformée en 1589, mais surtout parce qu'il est le fondement d'une partie de la législation anglaise, et que, aujourd'hui même, les lois qu'il consacre sont suivies dans les îles anglo-normandes.

viri sui sit constituta, vir ejus de ea et rebus suis et hereditate poterit disponere ad sue arbitrum voluntatis, nec ea, illo vivente, aliquid de predictis potest vendere, alienare vel impedire in ejus absencia, quin ipse ejus factum possit revocare et irritare, nec ipsa potest contra alium aliquid reclamare nec audiri in absencia viri sui, sed vir cum ipsa de omnibus que ad eam pertinent debet audiri [1]. »

Voici encore le texte français du grand coutumier : « Il convient après voir le brief de mariage encombré de quoi la femme doit faire clameur dedens an et jour après la mort de son mari qui l'encombra, car si elle laisse passer l'an et le jour, on ne lui répondra plus par enqueste de brief.

« L'en doibt sçavoir que l'homme encombre le mariage de la femme, quand il fait en quelque manière que ce soit que elle en est dessaisie, mesmement si elle le vendoit ou forjuroit. Se il n'est gaigné vers elle par la loi de bataille, ou par recognoissant : Car se concorde en étoit faite par son mary, la femme ne seroit pas tenue a la garder [2]. »

Sauf quelques exceptions que nous retrou-

---

1. *Summa de legibus Normanie*, chap. C, *De brevii maritagii impediti*, parag. 2., p. 245. Edit. Tardif.

2. Bourdot de Richebourg, Nouveau Coutumier général. Le grand Coutumier du pays et duché de Normandie, Chap. C. *de brief de*

verons dans la coutume réformée, l'aliénation
consentie par le mari du consentement de sa

mariage encombré. Voici la traduction en vers du grand Coutumier
sur ce sujet, HOUARD, *Dictionnaire du droit normand*, supplément,
p. 132:

GRAND COUTUMIER. CHAPITRE CXIX

Traicter faut après à la page
De brief encombré mariage
Dont il faut que la femme veufve
Dedans l'an et le jour se meuve
Que son mary fût trépassé ;
Et se l'an et le jour est passé
Depuis la mort paisiblement,
De celuy qui l'empeschement,
Fit, elle ne sera receute
Par enqueste de brief puis mute.
L'omme encombre, ce dit l'usage,
A la femme son mariage,
Qui seuffre que de la saisine
En manière aucun décline.
Ney sel vendoit son mariage,
On adviroit se par l'usage
Du lieu du pays plainement,
Ou par deméne jugement.
Car qui par accort le feroit,
A ce femme ne seroit,
A de certes autrosy, comme
Femme est subjette a pouer domme.
Il peut delle biens héritaiges,
Depenser a son arbitrage ;
Ney luy vivant elle ne peult vendre,
Les choses dictes ne despendre.
Mais puelt son fait et tous le cas,
Tout revoquer et favre cas ;
Ne contre auleun elle ne peut mye
Biens reclamer ne estre oye ;
Mais eux sont a oyr ensemble
Des choses a lie ce me semble.

femme, même si elle s'était engagée elle-même, reste nulle, absolument nulle [1].

Peu de temps après la rédaction du grand Coutumier, au XIVe siècle, nous trouvons des décisions validant les ventes d'immeubles dotaux faites par le mari du consentement de la femme ; mais elles présentent cette circonstance caractéristique : la femme s'était engagée par serment à ne pas inquiéter l'acquéreur.

Voici, par exemple, un jugement rendu par l'Échiquier en 1391 [2].

« En l'Échiquier de Pâques, tenu à Rouen l'an 1391, jugement entre Pol Geignard, d'une part, et la Deguerpie Jehan Deshayes d'autre part ; après la veüe faicte et tenue pour faicte por entre eux la diste Deguerpie dit sur ledit Geignard, les biens veus et monstrés sont certains héritages qui me furent donnés à mariage sur les queuils mon mari m'encombra, et pour ce ay pris un bref de mariage encombre, etc..... à quoi le dit Geignard respondit et dit : veu par lettre comme votre mari et vous me vendistes les dits

1. TERRIEN, *Commentaire du droit civil.* L. 8, chap. 8, p. 266 et suiv.

2. MARNIER, *Coutume, style et usages au temps des Échiquiers de Normandie,* p. 66.

héritages et me *promistes et jurastes* vous et chacun de vous que jamais contre la vendue de vostre volonté que vous me feistes sans contrainte et sans force ou menaces de votre mari. Et ainsi se le fait ne voulez amende veus mes lettres, je me deffend. Et ladite Deguerpie dit : je ne veux attendre le fait par vous affirmé et di..... que vous ne vous deffendiez pas. Et ledit Pol dit : veües mes lettres et le fait affirmé je soutiens le contraire dont il se mistrent en jugement es assises de Vire qui fut jugée pour ledit Pol et contre la dite veuve. »

On a remarqué les mots « *promistes et jurastes.* »

L'échec porté par cette décision au principe de l'inaliénabilité absolue s'explique par la puissance du serment promissoire : l'habitude d'accompagner les conventions d'un serment était d'une pratique courante au moyen âge [1].

Dérivé de la *fides facta* du droit germaniquet du *jusjurandum* du droit romain, cet usage fut répandu par le droit canonique, qui, à raison de son caractère, l'enveloppa d'un rituel religieux et lui fit produire d'importants effets. C'est ainsi que la femme pouvait, en intervenant

[1] ESMEIN, *Le serment promissoire dans le droit canonique.* Nouvelle revue historique de droit français et étranger, année 1898, p. 213 et suiv.

à l'aliénation de son fonds dotal, jurer de respecter l'aliénation et se rendre ainsi non recevable à inquiéter l'acquéreur. Grâce à ce détour, le tiers acquéreur échappait à toutes poursuites.

Ce serait pourtant une erreur de dire que le contrat d'aliénation était valable, et que, grâce au serment, l'inaliénabilité absolue se trouvait écartée.

Les canonistes avaient distingué, avec beaucoup de subtilité, entre la validité du contrat et la validité du serment. Parfois l'obligation contractée avec serment était valable, mais parfois aussi elle restait nulle, quoique le serment fût valable.

En pareil cas, les héritiers n'étaient pas tenus d'exécuter le contrat. Le promettant lui-même pouvait exercer l'action en répétition, si l'exécution de sa promesse consistait dans une prestation.

Il avait, en effet, satisfait à son serment, et, comme le contrat était nul, la chose se trouvait sans droit entre les mains de l'*accipiens* [1].

Mais la femme ne pouvait certainement pas revendiquer son fonds dotal entre les mains de l'acquéreur envers qui elle s'était engagée sous

1. ESMEIN, *Nouvelle revue historique*, p. 322.

serment, sous peine d'être parjure et d'en encourir les peines.

Mais, si l'immeuble passait à un tiers acquéreur, la femme n'était liée envers lui par aucun serment, et pouvait lui en demander la restitution; il se trouvait en effet sans titre entre ses mains, puisque le contrat primitif d'aliénation était nul. Le sous-acquéreur n'avait pu acquérir plus de droits que n'en avait son auteur. C'est ce que nous explique Jean Fabre dans les termes suivants [1] :

« *Si juramentum fuit interpositum, ita mulier non poterat petere nec vindicare rem ab emptore, emptor forte cecidit a possessione et tertius tenet rem alienatam, an mulier possit vindicare ? Videtur quod non quasi mulier veniat contra juramentum suum proprium per se. In contrarium, videtur quia contractus de se non tenuit et sit ex eo dominium transferi non potuit et ita possit vindicare ab alio, licet non ab emptore.* »

Donc, le contrat d'aliénation n'était pas valable : l'inaliénabilité était absolue ; la femme était seulement tenue d'observer son serment et encore lui était-t-il possible d'y échapper. La pratique lui fournissait pour cela un double moyen.

---

1. Jean FABRE. *Sur les institutes*, I. § vⁱˢ *Erat olim*, n° 10.

D'une part, le droit canonique avait fait admettre cette règle, que tout serment était subordonné à l'approbation de l'autorité ecclésiastique. Son efficacité était subordonnée à la condition *« si majori, id est pape placuerit. »* C'était subordonner à l'autorité ecclésiastique, au Pape en principe, en pratique à l'évêque, le pouvoir d'absoudre toute personne de son serment[1].

Cette absolution n'était pas une pure faveur; c'était une voie de droit qui présentait une analogie frappante avec l'*in integrum restitutio*. Elle devait être précédée d'une *causæ cognitio* en présence de la partie qui avait reçu le serment.

Parmi les cas d'application de cette absolution, le texte nous citait[2] l'hypothèse d'une femme qui avait consenti à l'aliénation de son immeuble dotal et avait juré de la respecter par crainte.

1. Guy. Pape. Qu.(140) dit: « *Sed communi observantia videmus quod ipsi episcopi et archiepiscopi quotidie indistincte dispensant super juramento et tolerantur tales dispensationes in utroque foro spirituali et temporali.* »

2. *Hostiensis summa.* p. 187 : « Ex perspicuis indiciis probabitur, « considerata qualitate personarum. Nam si mulier quædam virago, « sit sicut multæ inveniuntur quæ etiam maritos verberarent si aude- « rent, loqui non presumitur, coacta, quia non potest quis habere « qualitatem coacti et cognati, nec verisimile est compulsam in « urbe, seu in platea publica vel coram judice. Si vero debilis naturæ « erat et maritus dure cervicis et faciei ferocis, attendat judex utrum « ex necessitate quæ in veritate urgere alienata sit res dotalis et « tunc bene est, vel an hoc contigerit prodigalitatis mariti et tunc « redditur suspecta alienatio. »

C'était arriver ainsi à admettre l'aliénation, lorsqu'elle avait une cause reconnue légitime par l'autorité ecclésiastique.

D'autre part, les parents des jeunes filles, pour éviter que l'on éludât la prohibition d'aliéner au moyen d'un serment, lui faisaient, en la mariant, prêter le serment de ne jamais aliéner. C'était le moyen de faire respecter certaines incapacités, que l'on arrivait trop facilement à tourner.

Le second serment qui contenait une violation du premier et qui devait conduire au parjure, s'il était tenu, était nul *ipso jure*[1].

Hostiensis conseillait aux parents d'user de ce moyen pour empêcher leurs filles de consentir à une aliénation de leurs biens dotaux : « *Consilium generale mulierum et parentum eorum viditur hoc, et quando mulier traditur in matrimonium faciant ipsam jurare quod nunquam consentiat in alienatione rei dotalis, nisi coram judice causa cognita et probata, scilicet necessitatis instantis, non fictœ sed vere. Sic enim si aliter juret, et consentia non valebit, etiamsi juratum interveniat cum sit contrarium primo licito et honesto*[2]. »

1. ESMEIN. *Nouvelle revue historique de la législation.* p. 317.
2. *Hostiensis, Summa*, p. 187.

Mais un jour vint où le serment perdit son efficacité : les jurisconsultes du XVI° siècle proclamèrent que tout serment contraire à une disposition de la loi était nul [1].

Mais, en disparaissant de notre ancienne jurisprudence comme institution vivante, il y laissa cependant des traces. Les exemples en sont nombreux.

Il en est un célèbre, c'est celui de la renonciation au sénatus-consulte Velléien, sur lequel nous aurons à revenir.

Prohibée à l'origine, rendue efficace par un serment, la renonciation pure et simple au Velléien fut reconnue valable ; et, devenue de style, elle amena le législateur à abroger la défense faite aux femmes d'intercéder pour leur mari [2].

Quelque chose d'analogue se produisit en notre matière : l'aliénation, maintenue d'abord grâce au serment [3], le fut ensuite par le *seul effet du consentement de la femme.*

---

1. ESMEIN, *Le serment promissoire dans le droit séculier*, p. 332, et suivantes.

2. GIDE, *Condition privée de la femme*, p. 454.

3. Nous ne croyons pas cependant que ce moyen détourné de parvenir à l'aliénation des biens de la femme ait été beaucoup employé par nos pères. Nous aurons à voir comment ils agirent par rapport aux renonciations au sénatus-consulte Velléien.

C'est au XVIᵉ siècle que cette transformation se produisit. Elle fut déterminée par une cause plus profonde peut-être que celle que nous venons d'indiquer. Sous l'influence des idées admises dans les autres coutumes, la femme mariée ne fut plus considérée comme perdant sa personnalité. Tandis qu'autrefois son consentement était inopérant parce qu'elle ne pouvait avoir de volonté propre, elle fut désormais considérée comme capable d'avoir une volonté différente de celle de son mari.

Une circonstance de fait, qui eut aussi son importance, mérite d'être relevée. Elle nous est signalée par l'auteur anonyme de « *l'Esprit de la Coutume de Normandie*. « Autrefois, dit-il, les actes se faisaient sans l'intervention de tabellions ; aussi on présumait que les maris pouvaient contraindre leurs femmes à signer les contrats d'aliénation de leur dot sans qu'on eût connaissance de cette violence, qu'ils faisaient secrètement. Mais, après l'établissement des tabellions, une telle présomption ne se serait plus justifiée : ils n'auraient pas prêté leur ministère à la rédaction de l'acte si la femme avait été violentée, et, si la femme donnait un consentement libre, il était naturel de valider le contrat. »

Les faits et l'évolution des idées conduisaient donc à admettre que le consentement donné par la femme à l'aliénation faite par son mari validait cette aliénation; c'est la solution que donnait un arrêt de 1515, dont parlent les auteurs. C'était un résultat dangereux: il était à craindre, en effet, que le mari n'obtînt trop facilement de sa femme le consentement nécessaire pour la validité de l'aliénation. Un danger analogue avait fait établir, dans les pays de communauté, le système des récompenses.

Le Parlement de Rouen chercha, lui aussi, le moyen de conserver la dot à la femme, sans pour cela immobiliser ses biens.

Il paraît que la discussion fut longue. C'est ce que nous apprend Terrien [1] en nous rapportant le fameux *arrêt de Cerisey* de 1529, qui mit fin aux controverses : « Pour ce que aucun temps en ce pays et ressort de la court, les juges praticiens et advocats estoyent en grande difficulté de la forme et manière d'entendre, interpréter et juger le bref de mariage encombré, contenu en la coutume du pays: Aussi en grande incertitude de la validité ou invalidité des contrats et aliénations que les maris font des biens de leurs femmes, de leur consentement, et les

____

[1]. TERRIEN, *Commentaire de droit ciril*. p. 267.

dites femmes de l'authorité et consentement de leur mari : Afin que tel doute cesse et soit mis en quelque certitude pour éviter et fuyre tel procès qui s'en pourroient soudre en la dite court : pareillement mis en délibération la dite matière de mariage encombré et contrats des aliénations des biens des femmes mariées : Arrêté et conclu en son registre les choses qui ensuyvent pour deffinir et juger les dites matières, le cas offrant, selon qu'il est cy après contenu et déclaré. Le tout par provision et jusque à ce que le Roy ou la dite Court pour aucune cause et considérations qui pourroient de nouveau survenir autrement en ait été ordonné ».

Cet arrêt, délibéré par le Parlement en chambres réunies, fut rendu entre Marie de Cerisey, dame de Fauguernon, et Arthur de Manneville.

La demanderesse réclamait la terre et baronnerie de la Haye-du-Puits, qui avait été vendue par son mari au père du défendeur.

A ce propos, le Parlement pose des règles qu'il veut voir appliquer, jusqu'à nouvel ordre, aux aliénations du bien des femmes.

Il décide « premièrement que le bref de mariage encombré est une voie possessoire et quasi conforme à une réintégrande ou bref de nouvelle dessaisine, comme dit le texte de la coutume. Et ce doit prendre par la femme dedans l'an et jour du décès de son mari, pour estre remise en la possession de son bien ainsi qu'elle était lors de son mariage et autant qu'elle fut dessaisie, soit par aliénation faite par son dit mari sans le consentement d'icelle ou par elle sans le consentement de son dit mari, ou autrement, sans son gré, vouloir et consentement ».

C'est dire que le mari ne pouvait pas aliéner la dot de sa femme. Mais, consacrant des principes nouveaux qui s'étaient fait jour, l'arrêt décida que le consentement de la femme validerait l'aliénation : « Le bref, dit-il, ne s'entend et n'a lieu quand le mari du consentement de la femme ou la femme de l'autorité du mari vendroit ou aliéneroit le bien ou héritage de sa femme. Et es dits cas a été conclu et arrêté lesdits contrats de vendition ou aliénation, estre bons et vaillables, cessans minorité, dol, fraude, déception d'autre moitié du juste prix, force, menaces et crainte, *quæ possint cadere in constantem virum. Solus enim metus reverencialis non sufficeret.*

« *Item*, ledit arrêt et conclusion s'entend *tam in bonis dotalibus paraphernalibus quam patrimonialibus sive profecticiis, quæ obveniunt uxori post matrimonium contractum et durante aut constante*

matrimonio, sive per successionem, sive per dona-
tionem : etiam si pecunia quæ proveniret ex illis
contractibus non fuerit versa in utilitatem uxoris.»

Le principe était donc que l'aliénation faite
avec le consentement de la femme était valable.
Mais, pour qu'elle ne fût pas dépouillée irrémé-
diablement, le Parlement décida que, « en cas
d'aliénation des biens dotaux qui se feront par le
mari du consentement de la femme, ou par ladite
femme de l'autorité du mari, *ubi pecunia non*
probaretur versa in utilitatem uxoris, essemus ex-
tra casus speciales comprehensos in jure in quibus
licitum est marito vendere et alienare dotem : audit
cas, la femme aura sa récompense du juste prix
que son dit dot aura été vendu : à prendre sur
les biens du mari du jour du contrat de mariage,
célébration dyceluy et où ladite femme ne pour-
roit avoir ladite récompense sur les biens de
sondit mari, pourra *in subsidium* s'adresser contre les détenteurs de son dit dot. Auquel cas sera
en l'option desdits détenteurs délaisser à ladite
femme son dit dot, ou lui payer le prix que son
mari en aurait reçu de ladite aliénation.

« Et quant aux biens patrimoniaux desdites
femmes qui leur viennent après le mariage contracté ou durant yceluy par donation, succession
ou autrement, en cas d'aliénation desdits biens
faite par la femme et le mari ensemble comme

dessus est dit, la femme en aura aussi récompense sur les biens de son dit mari ; mais l'hypothèque prendra seulement pied du jour de ladite aliénation. *Idem contra detentores dictorum bonorum paraphernalium ubi ageretur in subsidium.* »

Nous avons tenu à rapporter à peu près intégralement cette importante décision : elle marque la fin du système de l'inaliénabilité des biens de la femme normande.

D'abord absolue, l'inaliénabilité s'est transformée ; et, à l'époque où se place l'arrêt de Cerisey, ce ne sont plus les biens dotaux qui sont inaliénables ; c'est seulement de leur valeur que la femme ne peut pas être dépouillée.

Ce système protecteur des intérêts de la femme est resté celui de notre coutume pendant tout l'ancien droit.

Les rédacteurs de la coutume réformée de 1583 n'eurent qu'à découper en forme d'articles les dispositions de l'arrêt que nous venons de rapporter : c'est ce qu'ils firent dans les art. 527 et suivants.

Pour faire une étude complète de l'inaliénabilité de la dot en coutume de Normandie, nous étudierons premièrement le principe de l'inaliénabilité et le bref de mariage encombré ;

Deuxièmement, les exceptions à ce principe : c'est la partie la plus importante. Pratiquement, en effet, l'aliénation ne sera faite que si elle est permise par la coutume ; l'intérêt de la question consiste alors à rechercher les moyens donnés à la femme pour ne pas souffrir de l'aliénation.

Nous verrons que, dans certains cas assez rares, elle n'avait aucun recours : c'est ce qui se produisait si elle s'était réservé par contrat de mariage la faculté d'aliéner.

D'autres fois, elle avait un recours contre le mari seul; il en était ainsi, par exemple, si elle avait aliéné sa dot pour tirer son mari de prison.

Enfin, si la vente avait été faite en dehors des deux catégories de cas précédentes, soit par le mari du consentement de la femme, soit par la femme autorisée de son mari, la femme avait un recours d'abord contre le mari et subsidiairement contre l'acquéreur. Remploi et récompense d'une part avec la garantie de l'hypothèque légale, action contre l'acquéreur, d'autre part : telle était l'organisation des intérêts de la femme dans cette hypothèse.

Troisièmement, nous examinerons la situation spéciale faite à la femme, soit lorsqu'elle a été séparée de biens, soit lorsqu'elle était marchande publique.

Enfin, en quatrième lieu, nous montrerons que la protection de la femme serait illusoire, si, en lui interdisant d'aliéner, la coutume lui laissait la faculté de s'obliger sur ses biens dotaux, et, à ce propos, nous étudierons l'application en Normandie du sénatus-consulte Velléien.

CHAPITRE III

PRINCIPE DE L'INALIÉNABILITÉ ET BREF DE
MARIAGE ENCOMBRÉ

Le principe de l'inaliénabilité, tel qu'il se trouve consacré par la coutume de 1583, n'avait plus qu'une portée très restreinte.

Il signifiait simplement que ni la femme seule ni le mari seul ne pouvaient aliéner les biens dotaux ; mais l'aliénation pouvait être faite du consentement des deux époux. Toutefois, la femme devait retrouver sa dot à la dissolution du mariage ; car, suivant le vieil adage, « dot de la femme ne peut périr ».

« L'inaliénabilité de la dot en Normandie, dit un arrêt du 12 juin 1835, porte donc plutôt sur la valeur du bien dotal que sur ce bien lui-même, dont la femme pouvait disposer pourvu qu'elle en retrouvât le juste prix, soit dans les biens de son mari, soit contre les acquéreurs[1] ; et, ajoute un autre arrêt du 2 juin 1838, « c'est

1. 2ᵉ Chambre, 12 juin 1835. (LE CROSNIER, *Dictionnaire de la jurisprudence de la Cour royale de Caen*, au mot *Femme normande*, nᵒ 7, p. 436.)

là la principale différence qui existe entre l'inaliénabilité des biens dotaux d'après le statut normand, qui exigeait seulement que la femme en retrouvât la valeur d'une manière quelconque, et l'inaliénabilité des mêmes biens d'après le Code civil, qui veut que la femme les conserve ou les représente en nature [1] ».

SECTION PREMIÈRE

Étendue de la prohibition

La prohibition s'étendait à la femme et au mari.

En tant qu'elle s'appliquait à la femme, elle s'expliquait d'elle-même : son incapacité, autrefois absolue, restée toujours très étendue, la mettait dans l'impossibilité d'aliéner ses biens [2], et même « la loi du 17 nivôse an II, en faisant cesser l'incapacité personnelle des femmes quant à la disposition de leurs biens, a laissé subsister les prohibitions d'aliéner qui avaient leur principe dans la nature de ces biens [3] ».

1. 2ᵉ Ch. 2 juin 1838. (MONSSAINT, *Recueil périodique de la jurisprudence de la Cour royale de Caen.* T. II, p. 206.)

2. GODEFROY sur Berault, *Commentaire de la coutume de Normandie.* II, p. 538.

3. 26 mai 1824, DE THÉMAUVILLE, 1ᵉʳ Ch., 8 décembre 1828. CHENU, *Dictionnaire de la jurisprudence*, v. S. nº 6, page 130.)

En effet, quand le caractère de dotalité a été une fois imprimé à un immeuble, il l'a été irrévocablement pour toute la durée du mariage, quelques lois qui puissent intervenir dans la suite.

La défense faite au mari seul d'aliéner les biens dotaux de la femme était, nous l'avons vu, très ancienne : elle fut maintenue par la coutume de 1583.

Cette prohibition d'aliéner s'étendit-elle aux meubles et aux immeubles ?

En ce qui concerne les meubles, nous savons que la maxime « *res mobilis res vilis* » avait cours en Normandie, comme partout ailleurs, dans l'ancien droit.

La coutume ne s'était donc pas expliquée clairement au sujet de l'inaliénabilité des biens mobiliers de la femme, et la jurisprudence, même dans le dernier état du droit normand, était loin d'être fixée [1].

1. Arr. du 25 juin 1822. (Pillon.) — Arr. du 11 février 1821. (Provost. — *En faveur de l'inaliénabilité*, dictionnaire r. s., n° 16. p. 431.; *en faveur de l'aliénation*, voir arr. du 21 janvier 1831. Mezeray, Dictionnaire r. s. n° 17, p. 431.)

Voici cependant la théorie telle que semblent nous la présenter les textes et la jurisprudence.

Nous devons d'abord remarquer que la coutume avait pris soin d'immobiliser à peu près toutes les choses qui, par leur nature, pouvaient être considérées comme meubles.

C'était d'abord les rentes constituées à prix d'argent (art. 507 de la cout.) : « Les constitutions de rentes perpétuelles, dit Georges Delisle [1], étaient considérées fictivement comme un achat de revenus d'immeubles et comme ayant, sous ce rapport, un caractère immobilier. »

Et même depuis la promulgation du Code civil, qui les déclare meubles, les rentes foncières ont continué de constituer des immeubles dotaux et inaliénables pour les femmes mariées sous l'empire de la coutume normande [2].

Puis, aux termes de l'article 511 de la coutume « les deniers donnés pour mariage des filles par père, mère, aïeul ou autre ascendant ou par les frères, et destinés pour être leur dot, sont réputés immeubles et propres à la fille, encore qu'ils ne soient employés ou consignés [3] ».

1. DALLOZ, T. 32 *du répertoire général*, au mot *Normandie*, page 556.

2. Arr. du 16 mai 1820. (PARFAIT BELLECOURT, *Diction. de jurisprudence*, V. S, n° 22, page 131.)

3. Voir aussi arrêt du 7 juin 1828. LEMOISE, Rej. Sirey, 30, 1, 150.)

Il faudrait donc, en particulier, considérer comme immeubles les meubles donnés par le père ou la mère lors du mariage de leur fille, quand les meubles sont estimés, et que le mari a été assujetti à en donner quittance [1].

« Et, ajoute l'art. 511, ou autres personnes auraient donné deniers en faveur de mariage pour être convertis en héritage ou rente au nom de la dite fille, seront pareillement réputés immeubles et tiennent nature d'acquêts en la personne de la fille. »

Est encore immobilisée par la coutume la dot en argent provenant soit de parents, soit de tiers, soit de la femme elle-même, lorsque cette dot était consignée sur les biens normands du mari [2].

En effet, « la consignation de la dot a pour effet de transformer les deniers dotaux en une rente que le mari devra à sa femme, à la dissolution du mariage, au lieu du capital mobilier qu'il avait reçu ou devait recevoir à titre de dot [3] ».

1. Arr. du 21 novembre 1824. LAURENT. (*Journal des arrêts*, T. IV, p. 17.)

2. Arr. du 9 avril 1825. (*Journal des arrêts*.) HÉRON — T. IV. p. 234. — Voir aussi : arr. du 21 mars 1807. (LARUE.) — 17 mars 1814. (DESCOUVRES.) — 20 août 1817. (RENAUDEAU.), *Dictionnaire de jurisprudence*, V. N. j. 432, n° 23.)

3. FLAUST, *Commentaires*, T. 1, p. 406. — Voir aussi arr. du 24 mars 1807. (LARUE, *Dictionnaire de jurisprudence*, V. N., n° 24, p. 432.)

Il faudrait encore traiter comme immeubles les meubles qui auraient été formellement réservés en dot par contrat de mariage.

Il restait donc en réalité très peu de biens mobiliers.

C'étaient notamment :

1° Les rentes viagères, qui, dit Georges Delisle, étaient considérées comme des créances mobilières [1];

2° Les sommes des deniers que la femme normande apportait elle-même en se mariant, par exemple les deniers provenant des économies qu'elle aurait faites avant son mariage : ces deniers ou les immeubles qu'ils avaient servi à acquérir, n'étaient pas dotaux ni inaliénables [2];

3° Les deniers provenant de l'aliénation des biens de libre disposition [3].

4° Les deniers donnés à la femme normande lors de son mariage et non constitués en dot [4].

Voilà à peu près à quoi se réduisaient les biens mobiliers de la femme normande.

---

1. DALLOZ, T. 32, page 550.

2. Arr. du 7 juin 1828. (LEMOINE, *Diction. de jurisprudence*, V. N., n° 19, p. 431. — Rej. (Sir., 30, 1, 450.)

3. Arr. du 2 juin 1835. (Recueil périodique, T. II, p. 395. — *Diction. de jurisprudence*, V. N., n° 15, J. 431.)

4. Arr. du 31 janvier 1812. RIVIÈRE. *Dictionnaire de jurisprudence*. F. N., n° 11, p. 430. Arr. du 15 mai 1827. DUPONT. *Journal des arrêts*, T. VIII, p. 241.

Quelle était leur situation au point de vue de l'aliénation ?

Durant le mariage, le mari en était le maître absolu : « Le mari, dit Basnage, est le maître absolu des meubles et conquêts, dont il peut disposer à sa volonté et même contre le gré de sa femme, jusqu'au dernier soupir de sa vie [1] ».

Toutefois, par la séparation de biens, la femme reprenait l'administration de ses biens, et elle pouvait, « sans autorité ni permission de justice, et sans l'avis et consentement de son mari, vendre et hypothéquer ses meubles présents et à venir, de quelque valeur qu'ils fussent. (Art. 126 des Placites.) [2]

1. BASNAGE, *Commentaires*, I., p. 400.

2. Le Code civil ne s'est pas exprimé catégoriquement au sujet de l'aliénation de la dot mobilière. Cependant, de la rubrique de la section II du chapitre sur le régime dotal, intitulée : « Des droits du mari sur les biens dotaux et de l'inaliénabilité du fonds dotal », — de l'art. 1554, qui dit: « Les immeubles constitués en dot ne peuvent être aliénés ou hypothéqués ; enfin des articles 1560 et 1561, il semble bien résulter et nous sommes persuadé que le législateur a voulu que la dot mobilière fût aliénable. — Cependant, une jurisprudence constante s'est prononcée en sens contraire, au moins en ce qui concerne la femme. — Voici à peu près ce qui semble résulter de ces décisions : la femme, durant le mariage, ne peut ni aliéner sa dot mobilière, ni céder la créance qui lui appartient contre son mari pour la restitution de cette dot, ni obliger cette dot;—Le mari seul peut céder la dot mobilière de la femme;—Après la séparation de biens,la dot mobilière ne peut plus être aliénée ni par la femme ni par le mari.— Nous n'avons pas à entrer ici dans les détails ; il nous suffisait d'indiquer le principe. —Voir, dans le sens de l'aliénabilité: GUILLOUARD. *Traité du cont. at de mariage*, liv. IV, p. 354 et suiv.; — dans le sens de la jurisprudence TESSIER, *Questions sur la dot*, n° 9 et

En ce qui concernait les immeubles, la prohibition d'aliéner était générale.

Elle s'appliquait d'abord à tous les immeubles constitués en dot à la femme.

« Elle s'étendait aussi, dit Bérault, à l'aliénation des héritages, rentes ou biens de la femme autres que sa dot, et qui lui sont échus par succession ou autrement venus constant le mariage, ou qui ont été chargés par le mary de rentes ou redevances mêmes a lieu au racquit de sa rente reçu par le mary sans l'avoir employé au profit d'icelle et pareillement en l'aliénation de l'héritage que le mary auroit auparavant retiré au nom et ligne de la femme [1]. »

On avait plusieurs fois discuté la question de savoir si la femme pouvait user du bref de mariage encombré contre son père ou ses frères qui, après lui avoir constitué une dot en une rente rachetable, avaient exercé le rachat sans sa participation.

Il fut décidé que la femme pouvait s'adresser

suiv.; — LESCŒUR, *des origines de la jurisprudence sur l'inaliénabilité de la dot mobilière*. (Revue critique de législation et jurisprudence, 1875. p. 380.)

1. BÉRAULT, *Commentaires*, p. 537.

à celui qui avait racheté la dot, comme si cette dot n'avait pas été fournie et rachetée, et cela, même si le frère s'obligeait à garantir à sa sœur le paiement de la rente en cas de troubles.

On décidait généralement que le mari qui laissait usucaper un bien de la femme était censé l'aliéner ; la femme pouvait le recouvrer de la même manière, c'est-à-dire par bref de mariage encombré. Cette solution, consacrée par divers arrêts du Parlement, est adoptée par les commentateurs de la coutume.

C'était, au contraire, une question discutée de savoir si l'héritage tombé en commise envers le seigneur pourrait être répété par la femme.

On distinguait, dit Godefroy, entre la commise jugée *ex delicto* et celle jugée *ex omissione ;* la femme pouvait agir dans le premier cas et non dans le second. La raison en était que la peine de la commise *in omittendo* procédait *ex contractu :* elle résultait, par exemple, de la clause stipulant qu'à défaut du paiement du cens et des

1. Sur l'art. 537, voir divers commentaires : TERRIEN, page 268 ; — BASNAGE, p. 390 ; — Arrêt LOUIS DE GUERPEL, du 15 de décembre 1671.

rentes durant trois ans, le seigneur pourrait se remettre en possession des héritages fieffés. Dans ce cas, la femme avait seulement son recours contre son mari.

La femme pouvait-elle inquiéter l'acquéreur de ses biens, si la vente n'en avait pas été faite volontairement par le mari, mais s'ils avaient été compris dans le décret des biens du mari à raison des dettes de celui-ci ?

Bérault rapporte un arrêt de l'Échiquier de 1395 qui permit à la femme de poursuivre l'acquéreur après le décès de son mari. Il dit pourtant qu'il serait plus sûr de protester au moment du décret [1].

Le principe de l'inaliénabilité faisait-il obstacle au décret des biens de la femme, lorsqu'elle ne payait pas les arrérages d'une rente foncière dont elle était débitrice ?

La question avait été discutée.

En faveur de la femme, on faisait valoir qu'en défendant au mari l'aliénation des biens de sa femme, la coutume entendait par là prohiber l'aliénation qui résulterait de ce que le mari

____

1. Bérault, sous l'arrêt 537.

n'aurait pas payé les arrérages au paiement desquels il était cependant tenu. Sans cela, le mari aurait un moyen indirect de faire vendre les biens de sa femme. Le créancier, d'ailleurs, avait à se reprocher de n'avoir pas saisi les fruits de l'héritage, s'il pouvait prévoir que le mari ne pouvait lui faire décréter les biens de la femme.

C'est ce que décida un arrêt du 2 avril 1610, entre le sieur de Bléville et la dame de Romilly, épouse du sieur de La Mare [1].

Mais il fallait, pour la validité de la procédure, que la femme fût mise en cause, et que l'aliénation fût faite par les deux époux conjointement.

Le mari, qui ne pouvait aliéner les biens de la femme, en avait l'administration en cette qualité : pouvait-il consentir des baux opposables à la femme après la dissolution du mariage [2]?

Quelques coutumes s'étaient expliquées sur ce point en termes formels.

La coutume de Blois (art. 179) disait que le mari ne pouvait bailler à ferme sinon pour le temps du mariage.

---

1. Sur l'art. 538, voir BÉRAULT, PESNELLE.

2. Aujourd'hui la loi considère les baux de 9 ans et au-dessous comme des actes de simple administration et, par conséquent, devant être respectés ; au contraire, les baux de plus de 9 ans ne sont pas obligatoires pour la femme. (Art. 1429 et 1430 Code civil.)

La coutume de Paris l'autorisait à faire des baux de 6 ans pour les héritages urbains et de 9 ans pour les héritages ruraux.

Dans le silence de la coutume de Normandie, la question avait été discutée.

Un point cependant était hors de contestation : c'était que, si la femme acceptait la succession de son mari, elle devait maintenir le bail.

La question n'était douteuse que si la femme renonçait à cette succession.

L'opinion générale parait être que, dans ce cas encore, la femme ne pouvait expulser le preneur, si le bail avait été passé pour un temps normal, sans fraude ni mauvaise foi [1].

C'est ce qui fut jugé par l'arrêt du 31 juillet 1612, rendu en la Grande Chambre, entre Jean Lermont, fermier de la dame Arnaut, veuve de Pierre Morin, à la succession duquel elle avait renoncé.

SECTION II

Sanction du principe

Nous venons de voir l'étendue de la prohibition : quelle en était la sanction ?

[1] Sur l'art 538, v. Bérault, Godefroy.

Il est certain que l'aliénation était nulle de plein droit. Aussi, l'action donnée pour obtenir la restitution de l'immeuble n'était pas une action en nullité, mais une véritable action réelle.

Le droit de demander la restitution de l'immeuble n'était pas exercé de la même manière par la femme et par le mari.

Si la femme avait aliéné, le mari pouvait agir immédiatement.

La femme, au contraire, ne pouvait agir qu'à la dissolution du mariage ; pendant la durée du mariage, en effet, « elle ne peut être ouye en derrière de lui ». Toutefois, son droit d'action s'ouvrait lorsqu'elle était séparée de biens.

La femme qui agissait après la dissolution du mariage devait procéder ou par la voie du bref de mariage encombré, ou par la procédure pétitoire.

« Bref de mariage encombré, dit l'art. 537 équipole à une réintégrande pour remettre les femmes en possession de leurs biens moins que dûment aliénés durant le mariage, ainsi qu'elles avoient lors de l'aliénation et doit être intenté par elles ou leurs héritiers dans l'an de la dissolution de leur mariage, sauf à eux de se pourvoir après l'an et jour par voie propriétaire. »

La femme pouvait donc procéder par voie de bref de mariage encombré ou par voie propriétaire, pour employer les expressions du texte. Ces expressions demandent à être expliquées.

Qu'était-ce que ce bref de mariage encombré ?

Bref [1] est le nom de certaines actions très expéditives de l'ancienne procédure normande. (Bref de douaire, bref de nouvelle dessaisine, bref de fief et d'aumône, etc., etc.)

Le nombre en était autrefois très grand.

Le bref devait être précédé d'une permission du juge : « Bref, dit Bérault, est un mandement qu'on obtient du juge contenant une brève et certaines formes de la querelle, clameur ou demande qu'on veut intenter [2]. »

Dans le dernier état du droit, on obtenait le bref de mariage encombré par des lettres de chancellerie et non plus par mandement du juge. Aussi Pesnelle définit-il le bref : Un mandement

---

1. Tous les commentateurs de l'ancienne coutume se sont occupés des différents brefs et de leur formule ; Houard, en particulier, y a consacré d'assez longs développements dans ses divers ouvrages (Dictionnaire, *traité sur les coutumes anglo-normandes, recueil des anciennes lois des Français*); de nos jours, il a été fait, surtout en Allemagne, des recherches sur les Brefs. Nous citerons en particulier l'ouvrage de M. Brunner, intitulé : *Die Entstehung der Schwurgerichte*, p. 414 et suiv. (Berlin 1871.)

2. Introduction au chap. de bref de mariage encombré. (Bérault.)

du juge ou plus tôt des lettres de Chancellerie qui contiennent sommairement la cause, les moyens et la fin de l'action que l'on veut intenter [1].

Mariage est ici synonyme de dot. (Nous avons déjà rencontré ce mot avec la même signification dans l'expression mariage avenant; toutefois la dot désignée par le mot de mariage encombré est plus large que la dot désignée par le mot mariage avenant.)

Encombré, c'est-à-dire aliéné: il y a eu encombrement de mariage quand le mari vend, transporte ou aliène l'héritage de sa femme à son préjudice et sans son consentement [2].

Le bref de mariage encombré était donc une voie de procédure donnée à la femme pour la faire restituer des biens indûment aliénés. A l'époque du grand Coutumier, il était conçu dans les termes suivants :

« *Si Mathildis tibi dederit plegios de clamore suo prosequendo, submone recognitionem de visineto quod sit ad primas assisias ballivie ad reco-*

1. Introduct, au chap. de bref de mariage encombré. (PESNELLE, *Coutume de Normandie.*)

2. BÉRAULT explique ainsi l'origine de ce mot : « Les Italiens disaient *ingombrar*, empescher, et *incombrato*, empesché, soit que les Northmans conquérant la Sicile et Naples, y ayant porté ce terme ou qu'il en ait été pris. » (Introd. au chap. de Bref de mariage encombré, p. 537. T. II.)

gnoscendum utrum terra quam Petrus *ei difforciat sit de ejus maritagio vel de hereditate ad eam devolutat et utrum Johannes, maritus ejus, qui in hoc anno obiit, illud eidem impedivit et quomodo ; terra videatur et sit in pace »* [1].

La formule s'est modifiée, et l'ouvrage intitulé : « *L'esprit de la Coutume de Normandie* » nous donne le modèle suivant :

FORMULAIRE DU BREF DE MARIAGE ENCOMBRÉ

De la part de ... veuve de ... décédé, etc. [2].

L'arrêt de Cerisey qualifiait le bref de mariage encombré de voie possessoire, et la coutume de 1583 dit qu'il équipolle à une réintégrande. (Art. 537.)

Les commentateurs le considèrent aussi comme une action possessoire [3].

On a fait remarquer très justement qu'il y avait là une erreur juridique.

Il n'était pas permis, en effet, de procéder par la voie pétitoire quand on avait échoué dans la voie de bref de mariage encombré. Il semble

1. *Summa de legibus Normanie*, chap. 100. *De brevi maritagii impediti.* § IV, p. 216. Édit. Tardif.
2. *Esprit de la Coutume de Normandie*, p. 262.
3. Sous l'article 547, HOUARD, — BASNAGE, — BÉRAULT, — PESNELLE.

donc bien qu'il faille conclure de là que ce bref était lui-même une véritable voie pétitoire [1].

Ce qui a provoqué l'erreur, c'est que le bref devait être intenté dans l'an et jour, ce qui était la durée normale des actions possessoires.

Le point de départ du délai d'an et jour était le décès du mari. Toutefois, il ne commençait à courir que du jour où le décès avait été connu, si le mari était mort loin de son domicile.

Peu importait d'ailleurs la date de l'aliénation. Le délai ne court pas contre la femme durant le mariage.

On admettait cependant que la femme séparée de biens pouvait intenter le bref immédiatement, sans attendre la dissolution du mariage ; mais elle gardait toujours ce droit jusqu'à l'expiration de l'an et jour à partir du décès de son mari. C'était du moins l'opinion qui avait triomphé [2].

On avait bien objecté à cette solution que la femme séparée, ayant la faculté de demander aux tiers détenteurs la restitution de son immeuble par la voie du bref, et n'en ayant pas usé dans le délai prescrit ne pouvait plus agir que par la voie ordinaire. Mais on s'en était tenu au

1. GLASSON. *Histoire du droit et des institutions de l'Angleterre*, t. II, p. 288.

2. Sur l'article 537, BASNAGE, *Commentaires*, t. II, p. 391.

texte de l'article 537, qui ne faisait courir le délai
d'an et jour qu'à partir de la dissolution du
mariage. Or, c'était seulement par le décès du
mari que les liens du mariage étaient définiti-
vement brisés, et que la femme avait pu librement attaquer les actes accomplis par le mari à
son préjudice, la séparation de biens ne faisant
pas cesser la puissance maritale.

Pendant longtemps, le bref de mariage
encombré fut regardé comme personnel à la
femme ; il ne pouvait pas être transmis à ses
héritiers. « Si la femme en commence à plaider
maintenant que son mari est mort et elle meurt
dedans an et jour ne pourra ses oirs plédier[1]. »

La coutume réformée permit aux héritiers
d'intenter l'action dans l'an et jour comme la
femme elle-même[2].

Faute par la femme et ses héritiers[3] d'avoir

1. MARNIER. *Établissements et coutumes*, p 95.
2. Sous l'article 537. — BASNAGE, — BÉRAULT.
3. Depuis le Code civil, il n'est plus question de bref de mariage
encombré. L'article 1560 dit que « la femme ou ses héritiers pourront
faire révoquer l'aliénation » indûment faite.

Il ne s'agit donc pas d'une action en revendication, mais d'une
action en nullité, action qui se prescrira par dix ans, conformément
à l'article 1304.

Il ne s'agit là toutefois que du cas où le mari a fait l'aliénation agi par voie de bref dans l'an et jour, ils jouissent, dit l'article 537, de la voie propriétaire. C'était une véritable action en revendication.

L'action en revendication pouvait être exercée par la femme ou ses héritiers pendant quarante ans à partir du décès du mari. (Voir l'art. 521.)

La prescription ne courait pas, en effet, durant le mariage. La question avait été discutée; mais elle avait été tranchée par un arrêt du 16 mars 1611 [1].

Il ne fallait pas, en effet, mettre la femme dans l'obligation d'exercer une action destinée à apporter le trouble dans le ménage : « La femme, dit Bérault [2], ne peut commencer et conduire son action sans offenser son mari, ou sans se mettre en péril d'être maltraitée; car son mari, étant appelé à garantie, serait blâmé d'être fault vendeur et serait sujet à dommages-intérêts. »

Lorsque la femme était séparée de biens, la prescription de quarante ans commençait à courir contre elle [3].

---

avec le concours de la femme; s'il avait vendu l'immeuble dotal comme sien, ou seulement sans le concours de la femme, nous croyons que la femme devrait employer l'action en revendication. Mais cette solution est très contestée.

1. Sur l'article 537. — Bérault.

2. Sur l'article 527. — Bérault.

3. Nous ne croyons pas qu'il en soit de même sous le Code civil, l'article 1560 étant formel : « La femme ou ses héritiers pourront faire révoquer l'aliénation après la dissolution du mariage, sans qu'on

Le texte de l'art. 537, qui ne fait courir le délai qu'à partir du décès du mari, ne s'appliquait en effet qu'au bref de mariage encombré.

Par les actions qui lui étaient données, la femme rentrait en possession de ses héritages moins que dûment aliénés dans l'état où ils se trouvaient lors de l'aliénation, francs et quittes de toutes charges qui auraient pu être établies par l'acquéreur.

SECTION III

Fins de non-recevoir contre l'action de la femme

La nullité qui frappait l'aliénation n'était pas une nullité absolue. Établie dans un but de protection de la femme, elle ne pouvait être intentée que par celle-ci ou son mari. L'acquéreur ne pouvait pas demander la nullité de l'aliénation ; le mari lui-même ne le pouvait que lorsque la femme avait fait seule l'aliénation.

Comme cette nullité n'avait pas le caractère d'ordre public, la femme pouvait y renoncer.

puisse leur opposer aucune prescription *pendant sa durée.* » Or, le mariage dure encore après la séparation. Toutefois la question est discutée.

La femme pouvait encore se rendre non recevable à agir en restitution de son bien aliéné, soit en confirmant, après le décès du mari, l'aliénation consentie par lui, soit en se portant héritière de celui-ci. Ces deux solutions avaient pourtant fait difficulté.

1° D'abord, en ce qui concerne la confirmation, on avait soutenu qu'elle était inopérante, parce que, suivant l'opinion de Dumoulin, « *si confirmabile nullum sit, pariter et confirmatio nulla est* ».

Telle fut la décision donnée par arrêt du 18 mars 1638 [1].

Mais cette manière de voir ne fut pas admise par les commentateurs, qui adoptèrent la solution contraire : « Si toutefois, dit Basnage, la veuve avait ratifié volontairement lorsqu'elle était en pleine liberté de ses actions, je ne vois point de raison qui puisse empêcher que cette ratification ne soit valable, pourvu qu'elle n'ait point été faite par surprise ; et on a jugé de la sorte au Parlement de Paris contre la dame Ballosier, en une cause évoquée de ce parlement par arrêt de juillet 1672.

---

1. Sous l'art. 537, Basnage.

C'est aussi l'opinion de Flaust [1].

Mais, si la confirmation pouvait intervenir valablement après la dissolution du mariage, elle était sans effet si elle intervenait durant le mariage.

Telle ne paraît pas être l'opinion de Bérault; mais Flaust dit que l'opinion de cet auteur ne doit être admise qu'avec précaution; et il ajoute : « Il faudrait, par exemple, que la femme, au moment de la ratification qu'elle ferait, fût à ce dûment autorisée par son mari ; si elle la faisait en son absence, elle pourrait réclamer contre, sous prétexte de défaut d'autorisation [2]. »

2º On avait également discuté la question de savoir si la femme qui devenait héritière de son mari en prenant le tiers aux meubles et acquêts, était recevable à demander la restitution des biens à elle appartenant qu'il avait aliénés sans son consentement [3].

---

1. FLAUST, Commentaires, T. I., p. 470.

2. FLAUST, Commentaires, T. I., p. 471. Il est certain que la femme, peut aujourd'hui ratifier l'aliénation de son immeuble dotal; mais cette ratification ne doit se faire qu'après la dissolution du mariage, c'est-à-dire à une époque où la femme aurait le droit d'aliéner. (Art. 1560.)

3. La même question se pose aujourd'hui lorsque, les époux étant mariés sous le régime de communauté, le mari a aliéné indûment un propre de la femme : celle-ci aura-t-elle le droit, si elle

La solution négative paraît s'imposer en présence de l'adage « *quem de exec="="cutione tenet actio eumdem agentem repellet exceptio* ».

La difficulté s'était élevée sous l'empire de l'ancienne coutume, et les commentateurs nous rapportent deux décisions, rendues à peu près à la même époque, qui la tranchent en sens opposé.

Un arrêt du 23 décembre 1516 [1] refuse l'action à la femme.

Un arrêt du 14 mai 1529, rapporté par Terrien [2], se décide au contraire en faveur de la veuve.

Les partisans de cette seconde opinion trouvèrent un nouvel argument dans l'art. 365 de la Coutume de 1583, aux termes duquel : « Femme prenant part aux conquêts faits par son mari constant le mariage, demeure néanmoins entière à demander sa dot sur les autres biens de son mari au cas qu'il y ait consignation actuelle des dots faits sur les biens du mari; et, où il n'y aura pas de consignation la dot sera prise sur les meubles de la succession, et, s'ils ne sont point suffisants, sur les conquêts. »

accepte la communauté, de revendiquer son immeuble ? — Nous ne le croyons pas. La femme sera tenue de respecter l'aliénation en vertu du principe : « *quem de evictione...* »

1. Introduct. au chap. du bref de mariage encombré, BÉRAULT.

2. TERRIEN, livre 8, chap. 7.

Il semble résulter de ce texte que l'acceptation par la femme dans les meubles et conquêts ne la rend pas non recevable à poursuivre les tiers détenteurs des autres biens de son mari pour recouvrer sa dot, à plus forte raison reprendre ses propres biens s'ils ont été aliénés par le mari.

Godefroy, embarrassé par ce texte, ne savait comment résoudre la question, si l'on ne disait que le recours n'est accordé à la femme que dans l'hypothèse où la dot avait été consignée.

Cette opinion n'était guère soutenable.

Admettre le recours de la femme acceptante contre l'acquéreur des biens du mari, même dans l'hypothèse seulement où la dot avait été consignée, aurait dû conduire forcément à admettre le recours contre l'acquéreur des biens dotaux de la femme, alors même qu'elle aurait accepté sa part des meubles et conquêts ; car son droit sur les propres était bien plus apparent que le droit qu'elle pourrait avoir sur les biens affectés par le mari sur la consignation de la dot.

Mais tel n'était pas le sens de l'article 365 : il n'avait pas pour objet de permettre à la femme de recourir contre les tiers acquéreurs des biens du mari affectés à la consignation de la dot.

Il signifiait seulement que la femme pouvait, à l'encontre des héritiers du mari, seulement reprendre toute sa dot et sa part dans les meubles et conquêts.

La dot se prélevait sur les biens affectés par le mari à la consignation de la dot, et, en supposant que cette dot fût restée dans la caisse du mari, la femme en reprenait encore une partie à titre de meubles.

C'était une disposition trop favorable, au dire des commentateurs.

Mais elle n'avait pas pour effet de troubler le conflit entre la femme et les tiers acquéreurs. L'acquéreur des biens du mari consignés n'aurait pas pu être inquiété par la femme en vertu de l'article 365, si elle avait accepté sa part des meubles et conquêts.

Il fallait en dire autant de l'acquéreur des biens dotaux de la femme. C'était l'opinion de Basnage[1] : « Il est certain, dit-il, que la femme qui se rend héritière de son mari est obligée d'entretenir tous ses faits, et qu'elle ne peut troubler les détenteurs de ses biens qui ont contracté avec son mari, d'autant qu'ils auraient eu recours contre elle, ce qui n'est point contraire à l'article 365, qui ne s'entend que des héritiers

---

1. Sous l'article 357, — BASNAGE.

du mari, à l'égard desquels la femme dont la dot a été consignée a droit de prendre part aux meubles et conquêts faits par son mari, sans confondre en sa personne le remploi ou la restitution des biens dotaux, bien qu'elle en soit héritière, et sans contribuer à ce remploi pour la part qu'elle prend, suivant la coutume, dans la succession de son mari ; mais, à l'égard des acquéreurs ou des créanciers, elle s'oblige envers eux, et contracte une obligation personnelle par l'adition d'hérédité de son mari.

Une autre question se posait :

En admettant que la femme qui acceptait sa part des meubles et acquêts fût non recevable à poursuivre les tiers acquéreurs de ses biens dotaux, ne pouvait-elle pas se faire relever de sa qualité d'héritière pour pouvoir exercer des poursuites contre les tiers ?

Godefroy prévoit la question, et la résout par une distinction : il permettait à la femme mineure de se faire restituer contre son acceptation ; il refusait ce droit à la femme majeure.

SECTION IV

De la prescription des biens de la femme.

Le principe de l'inaliénabilité aurait dû entraîner, comme conséquence, l'imprescriptibilité de ces mêmes biens. Le droit romain avait consacré cette corrélation entre l'inaliénabilité et l'imprescriptibilité.

La Coutume de Normandie était muette sur ce point : que décider[1] ?

Il y avait une hypothèse qui n'offrait pas de difficulté.

Nous avons déjà dit que, si l'immeuble dotal avait été aliéné par l'un des époux seul, la femme pouvait intenter le bref de mariage encombré dans l'année du décès du mari, et nous verrons que, si l'aliénation se faisait du consentement des deux époux, la femme qui ne pouvait trouver indemnité suffisante sur les biens du mari à la dissolution du mariage, pouvait agir contre les tiers détenteurs. C'était dire qu'en pareille hypothèse, la prescription ne courait pas contre elle : le recours eût été en effet le plus souvent illusoire, si le tiers détenteur avait pu opposer la prescription à la femme[2].

Mais en était-il ainsi lorsqu'un usurpateur

1. Le Code civil établit, comme corollaire de l'inaliénabilité du fonds dotal, son imprescriptibilité. (Art. 1561.)

Toutefois, par exception, le fonds dotal est prescriptible :

1º S'il est déclaré aliénable par contrat ;

2º Si la prescription a commencé avant le mariage ;

3º Au cas de séparation de biens.

2. Sous l'art. 521, BASNAGE.

se mettait sans droit en possession de l'immeuble de la femme, ou encore lorsque le mari négligeait de se mettre en possession de biens à elle échus ?

Il y avait une solution qui aurait paru très conforme aux dispositions des articles 538 et suivants. C'était d'obliger la femme à recourir contre son mari, et de ne lui donner qu'un recours subsidiaire contre le tiers détenteur : c'était la solution adoptée par la coutume d'Auvergne (art. 5) et celle de la Marche (art. 93).

Mais elle était impossible à admettre dans le silence des textes ; aussi devait-on se résoudre à laisser courir la prescription contre la femme. On fortifiait, d'ailleurs, cette solution en faisant remarquer la différence établie par la coutume, au point de vue de la prescription, entre le cas où le mari avait aliéné et celui où il y avait pure négligence de sa part. On faisait remarquer que, dans le premier cas, la femme, en exerçant son action, aurait troublé la paix du ménage en poursuivant le tiers acquéreur à qui son mari aurait vendu son immeuble, au lieu que le mari n'avait que profit à tirer de l'exercice par la femme d'une action contre le détenteur en train de prescrire, qui n'était pas son ayant cause, et n'avait, par conséquent, aucun recours contre lui. Il devait donc être tout disposé à autoriser sa femme à agir dans ce cas. Aussi la majorité des coutumes laissait-elle courir la prescription contre la femme [1].

En conséquence, si la femme n'avait pas agi dans les délais de prescription, elle perdait son immeuble, et n'avait qu'un recours en dommages-intérêts contre son mari, coupable de négligence.

1. Sous l'art. 521, BASNAGE, BÉRAULT.

CHAPITRE IV

DES EXCEPTIONS AU PRINCIPE DE L'INALIÉNABILITÉ DES BIENS DE LA FEMME

Abstraction faite de la situation spéciale de la femme séparée et de la femme marchande publique, notre coutume admettait que le principe de l'inaliénabilité subissait certaines dérogations : l'une était conventionnelle ; les autres étaient prévues par un texte spécial, l'art. 542.

SECTION PREMIÈRE

De la faculté réservée par la femme dans son contrat de mariage d'aliéner ses biens dotaux [1]

Cette pratique ne semble pas avoir été très usuelle : tous les commentateurs se bornent, en effet, à citer un arrêt du 13 juillet 1566 qui valide cette clause. Voici l'espèce :

---

1. Il est évident que le Code civil autorisait toute stipulation de ce genre, en raison de la grande latitude laissée aux futurs époux pour leurs conventions matrimoniales. (Art. 1387.) Le législateur a cependant cru bon d'insérer dans nos lois un texte spécial pour ce cas d'aliénation. (Art. 1557.)

Une femme Mazier s'était réservé, par son contrat de mariage, la faculté d'aliéner le tiers de ses biens. Elle usa de cette faculté, et vendit une partie de ses héritages au sieur de Normanville. Elle mourut sans enfants ; mais ses héritiers prétendaient que la vente était nulle, comme ayant été faite sans le consentement du mari. Ils alléguaient que le principe d'inaliénabilité était d'ordre public ; qu'il ne pouvait y être apporté aucune dérogation : « *pactis enim privatorum juri publico non deroguntur.* » Si on autorisait l'insertion d'une pareille clause dans un contrat de mariage, elle ne tarderait pas à devenir de style.

De son côté, le tiers acquéreur fit valoir que cette clause était légitime et ne présentait aucun danger. Il invoqua l'article 417, qui autorise la femme à se réserver par contrat la faculté de tester.

On lui donna raison, et il fut maintenu en possession des biens acquis.

Les héritiers de la femme songèrent alors à s'adresser au mari pour lui demander la récompense du prix d'aliénation, conformément à l'art. 539. Ils usèrent de la même argumentation en ajoutant qu'en fait, la vente avait été faite pour faire profiter le mari du prix d'aliénation.

Il leur fut répondu que :

1° La femme aurait pu donner à son mari, par contrat de mariage, le tiers de ses immeubles, et qu'il n'y avait, par conséquent, pas à craindre que la femme se réservât la faculté d'aliéner le tiers de ces mêmes immeubles pour en faire profiter son mari ;

2° Que le mari ne pouvait être tenu de faire le remploi de biens aliénés en dehors de lui et sans son autorisation.

Du reste, les commentateurs restreignent au tiers de ses biens la réserve que la femme peut stipuler.

SECTION II

Aliénation des biens dotaux dans les cas prévus par l'article 541

« Si la dot a été vendue pour rédimer son mari, n'ayant aucuns biens, de prison de guerre ou causes non civiles ou pour la nourriture d'elle, de son mari, de ses père et mère ou de ses enfants en extrême nécessité, elle ne la pourra retirer [1]. »

Nous avons à rechercher sur cet article :

---

1. Le Code civil autorise l'aliénation des biens dotaux dans des cas identiques. (Art. 1558.)

1° Quels étaient exactement les cas dans lesquels l'aliénation était permise ;

2° Quelles formalités étaient requises pour la validité de cette aliénation ;

3° Quel recours la femme pouvait avoir pour se faire indemniser.

§ 1er

CAS DANS LESQUELS L'ALIÉNATION ÉTAIT PERMISE

La faculté d'aliéner la dot, dans les diverses hypothèses prévues par ce texte, existait déjà en droit romain. Nous la retrouvons dans notre ancien droit à une époque très reculée.

Le grand Coutumier, qui pose le principe en termes très énergiques, permettait lui-même l'aliénation dans ces divers cas.

Le fameux arrêt de Cérisey les réserve expressément.

Voyons quelle est, sous la coutume, l'exacte portée de l'article 541.

Premier cas. — Pour rédimer son mari de prison de guerre ou causes non civiles.

Le mot prison s'entend soit de l'esclavage [1], soit de la prison de guerre, soit de la prison pour cause criminelle.

On s'était demandé, relativement à la prison de guerre, si l'article 541 s'appliquait lorsque le mari était prisonnier de guerre pour une cause injuste, par exemple pour avoir porté les armes contre son prince.

On avait généralement adopté l'affirmative en argumentant que l'aliénation était permise sans considération de cause, puisqu'elle pouvait intervenir pour tirer le mari de prison, même pour crime.

Il importe de bien s'entendre sur le sens de l'art. 541, lorsqu'il autorise la femme à vendre sa dot pour tirer son mari de prison, où il est retenu pour cause criminelle.

Cette règle dut s'introduire à une époque où les peines étaient pécuniaires, et se maintint quand cet usage eut disparu.

Notre article signifie que le mari, retenu en prison jusqu'au paiement de l'amende pécuniaire prononcée contre lui à raison d'une

1. Voir aussi l'*Ordonnance de la marine de 1681*, article 12, r. vi.

l. iii.

infraction, peut en être retiré si la femme, aliénant sa dot, emploie le prix à payer l'amende.

L'aliénation, permise pour tirer le mari de prison, ne l'était pas pour le paiement des frais à faire dans une poursuite criminelle dirigée contre le mari.

C'est ce qui fut jugé par un arrêt du 30 juillet 1635, rapporté par Basnage [1].

Une femme avait demandé la permission de vendre partie de son bien pour subvenir aux frais du procès que l'on faisait à son mari prisonnier.

Le Procureur général s'y opposa, disant que la coutume ne lui permettait ces aliénations que pour retirer son mari de prison: l'arrêt lui donna raison.

On avait proposé d'autoriser l'aliénation lorsque le mari était détenu pour cause civile, spécialement à raison des engagements commerciaux qu'il avait pu contracter.

Mais la jurisprudence semble toujours avoir été en sens contraire [2].

1. Sur l'art. 541, BASNAGE.
2. La jurisprudence actuelle admet, au contraire, l'aliénation des biens de la femme pour retirer le mari incarcéré pour cause civile; mais ce cas a perdu son intérêt pratique depuis l'abolition de la contrainte par corps en matière civile, commerciale et contre les étrangers, par la loi du 22 juillet 1867.

L'article 541, disait-on, paraissait autoriser l'aliénation toutes les fois qu'il s'agissait de tirer le mari de prison, pour quelque cause qu'il y fût détenu, le mot prison étant séparé de la suite de la phrase par une virgule.

On ajoutait que rien n'était plus juste que cette extension : « On a peint la faveur due au commerce sous les traits les plus séduisants, dit Roupnel. Il a été mis au rang des intérêts publics et nationaux, tandis que la dot des femmes n'a été présentée que comme un objet particulier et moins digne conséquemment de l'attention des magistrats. »

Puis il ajoute : « J'avoue que ces raisonnements n'ont jamais pu m'affecter : si la femme d'un marchand peut aliéner sa dot pour les dettes du commerce de son mari, nous verrons chaque jour des femmes nous effrayer, elles et leurs enfants, par le spectacle hideux de la misère et de l'indigence. Le commerce, qui est la source la plus pure des richesses, sera un piège tendu à la simplicité du sexe : le crédit pourra augmenter ; mais, les entreprises téméraires venant à se multiplier, la province sera surchargée de malheureux qui avaient du moins une faible ressource dans les deniers dotaux de leur mère. »

Basnage donne de cette restriction une autre

explication : « Dans la cause civile, dit-il, le mari peut faire cession de biens pour recouvrer sa liberté, et, si la femme pouvaitêtre cautionde son mari prisonnier pour une dette civile, il serait fort aisé de priver les femmes du bénéfice du Velléien. On ferait toujours obliger le mari par corps pour engager la femme à payer ses dettes. Mais l'on ne présume pas que le mari commette un crime dans la vue que la femme acquittera, aux dépens de ses biens, les amendes et les intérêts qui seront jugés contre lui. »

Cette explication doit être seulementcorrigée, en ce que l'auteur semble croire que le mari peut toujours faire cession de biens, alors que cela ne lui est permis que dans les cas prévus par l'art. 20 de la Coutume.

Nous allons voir que la femme peut aliéner ses biens pour la nourriture de ses père et mère et de ses enfants.

Les commentateurs se sont posé la question de savoir si l'aliénation était aussi permise pour les tirer de prison.

En faveur de la négative, ils ont invoqué un double motif :

1° D'une part, que des exceptions sont de droit étroit, et que, si celle-là ne figure pas dans l'art. 511, c'est que la coutume n'a pas entendu l'admettre ;

2° D'autre part, que la raison elle-même est en ce sens; car le mari touche de plus près à la femme que toutes autres personnes : « En sont deux en une chair et perpétuels compagnons de vie et de fortune. »

En faveur de l'extension, ils ont fait remarquer que le droit écrit admettait l'extension. Aussi, malgré le silence de la coutume, Bérault conclut-il qu'il ne faut pas « estimer qu'elle requiert moins de piété à la femme que fait le droit romain [1] ».

La femme normande peut aliéner ses biens pour tirer son mari de prison pour cause non civile; elle ne le pourrait pour en retirer son fils incarcéré pour dettes [2], car il s'agit, non d'un quasi-délit ou délit, mais d'une obligation purement civile. Et puis, s'il est vrai que la femme peut cautionner son fils, au dire de certains auteurs [3], cette caution n'est valable que si elle a été faite utilement pour le fils.

1. Bérault, Commentaire, sous l'art 541.
2. Arrêt du 18 nov. 1828. (Recueil pér. 1829. Caen. 505, de Beaumont.)
3. Basnage, *Traité des hypothèques*, chap. ii. — Flaust, I, p. 500, 501, chap. ii.

Deuxième cas. — Pour la nourriture d'elle, de son mari, de ses père et mère, de ses enfants en extrême nécessité [1].

L'aliénation devait avoir pour objet la nourriture.

Que doit-on entendre par le mot nourriture [2] ?

On fit la distinction suivante :

Ou bien les aliments étaient dus *jure necessitatis et sanguinis*, et on y comprenait tout ce qui est nécessaire pour permettre à l'homme de vivre ;

Ou bien les aliments étaient dus par convention et *ad tempus*, par exemple à des serviteurs, et on excluait tout ce qui est nourriture accidentelle.

Un arrêt du 18 avril 1595 décida, conformément à cette distinction, que l'aliénation de la dot était permise pour procurer des fonds « pour panser et médicamenter [3] » la femme.

Un arrêt du 7 mars 1845 admet « que l'expression nourriture employée dans l'article 541 de la Coutume ne doit pas être prise dans un sens

---

1. Voir les articles 1558, 203, 205, 206 du Code civil.

2. Notre jurisprudence autorise l'aliénation du fonds dotal pour permettre au mari de conserver un établissement, par exemple une ferme ou un office ministériel qui constitue sa seule ressource, et dont le produit fait vivre la famille. Cassat., 13 mai 1889 (S., 89, 1, 429 ; — D., 89, 2, 111).

3. BÉRAULT, *Commentaires*, t. p. 561.

restreint ; que les lois romaines et la jurisprudence en ont toujours étendu la signification aux vêtements et aux soins nécessaires en cas de maladie »[1].

Les tribunaux mêmes peuvent autoriser l'aliénation du bien dotal normand pour l'acquit des dettes d'aliments contractées antérieurement par la femme ; et, dit un arrêt du 17 décembre 1838[2] : « s'il eût été plus régulier et plus prudent de recourir à cette autorisation au moment même du besoin, et avant d'obtenir des fournitures à crédit, ce n'est pas une raison suffisante pour rejeter la demande quand les fournitures ont réellement eu lieu, et pour rendre des créanciers, qui paraissent avoir agi loyalement, victimes de leur humanité. »

La femme était autorisée à aliéner sa dot pour sa nourriture, celle de son mari, de ses père et mère, de ses enfants. C'est un devoir d'humanité pour la femme de subvenir aux besoins des personnes qui la touchent de si près. C'est même une obligation à l'accomplissement de laquelle elle pouvait être contrainte dans certains cas : par exemple, elle encourait la perte

1. *Recueil pér.*, 1845, 181, 7 mars 1845.
2. *Recueil des arrêts*, arrêt du 17 décembre 1838; 1839, p. 140.

de son douaire, si elle se refusait à fournir des aliments à son mari.

§ 2

FORMALITÉS REQUISES POUR LA VALIDITÉ
DE CES ALIÉNATIONS

Lorsqu'il s'agissait de rédimer son mari de prison, la Coutume n'autorisait la femme à procéder à la vente de ses propres que s'il n'avait aucuns biens. S'il avait des biens, il était naturel qu'ils fussent vendus de préférence à ceux de la femme. « Toutefois, dit un commentateur [1], si on ne pouvait trouver promptement deniers de ceux du mari pour être en lieu incommode ou trop embrouillés et hypothéqués, je souscris à ceux qui approuvent la vendition des biens de ladite femme, car ce sont choses pareilles de n'avoir pas de biens ou d'en avoir qui ne trouvent point d'acheteurs. »

L'aliénation doit être faite en principe, dans les divers cas prévus par l'article 561, par la femme.

On avait douté qu'elle pût être faite par

---

1. GODEFROY, *Commentaire*, II, p. 562.

le mari sans l'assentiment de la femme[1]. « Si
cependant, dit Flaust, la femme ne pouvait être
aux procédures et aux contrats par force majeure, pour cause de maladie dans laquelle il
faudrait lui subvenir ou pour d'autres considérations semblables, en ce cas, le mari pourrait
faire assembler les parents et vendre après
ordonnance du juge. »

Il semblerait, à lire le texte de l'article 541,
que la femme pût procéder à l'aliénation sans
aucune formalité[2].

Une pratique pourtant s'était établie, suivant
laquelle l'aliénation devait être entourée de certaines formalités protectrices des intérêts de la
femme.

On exigeait un décret du juge et une délibération des parents[3]; l'autorisation du mari était
inutile.

Cet usage fut consacré par l'arrêt de règle-

1. Arrêt du 13 août 1638 — FLAUST, *Commentaire*, 1. 497.
2. Voici les formalités exigées par le Code civil:
1° Autorisation de justice (tribunal du domicile des époux), qui
doit statuer *cognita causa*;
2° Autorisation du mari, s'il s'agit de vendre la pleine propriété:
faute de cette autorisation, la femme ne peut vendre que la nue
propriété;
3° L'aliénation ne doit avoir lieu qu'aux enchères et après affiches.
(Art. 1558.)
3. Arrêt du 20 mai 1656, BASNAGE, II. 413.

ment du Parlement de Rouen de 1666. Aux termes de l'article 128 de ce texte, « la femme ne peut aliéner ni hypothéquer ses immeubles, pour les cas mentionnés en l'article 541 de la Coutume, sans permission du juge et avis des parents ».

§ 3

RECOURS DE LA FEMME

Lorsqu'un bien avait été aliéné pour un des cas prévus par l'article 541, la femme était sans recours contre les tiers.

Il était nécessaire qu'il en fût ainsi pour qu'ils ne fussent pas empêchés d'acquérir par la crainte d'un recours de la femme.

Comme les charges supportées par la femme, dans ces divers cas, incombaient en général au mari, la Coutume réservait le recours de la femme « sur les biens du mari au cas où il parviendrait à meilleure fortune ».

La femme peut dans ces cas réclamer contre son mari, non seulement le prix porté au contrat de vente, mais encore la juste valeur du bien vendu au moment où elle reprend ses biens, c'est-à-dire à la mort du mari ou à l'époque de la séparation de biens : pourquoi ?

Un arrêt du 25 août 1836 [1] va nous en donner la raison : « La dette qu'il s'agit d'acquitter, dit l'arrêt, est la dette du mari. S'il avait des biens, ce serait à lui de la payer. En supposant qu'il eût été obligé de les vendre pour se libérer, c'eût été à lui de porter la perte de l'augmentation de valeur que ces mêmes biens auraient pu avoir acquis à la dissolution du mariage, s'il les eût conservés : sa position ne saurait être changée par la circonstance qu'il ne lui serait advenu de fortune que plus tard, parce que, dans la vérité, il n'y a pas d'aggravation réelle dans le sacrifice qui lui est en définitive imposé, puisque la valeur actuelle plus grande dont il est alors obligé de se dépouiller, n'est que la représentation de celle qu'il eût abandonnée, s'il eût été solvable à l'époque où il a fallu payer. Que si la femme, contrainte de faire l'avance de la somme qu'il aurait dû débourser, a eu à subir l'aliénation de son propre, il est juste et rationnel qu'il l'en rende indemne. Ce qui n'a lieu qu'au temps où elle retrouve la valeur de son héritage, à l'époque où elle est appelée à en reprendre l'administration ; qu'il doit d'autant mieux en être ainsi, que c'est le plus souvent par suite des dissipations ou de la mauvaise administration du mari

1. 25 août 1836. (Recueils des arrêts 1437-69.)

qu'arrive l'état de pénurie prévu par l'art. 541 ;
que c'est toujours par sa faute que sa liberté se
trouve compromise par suite de condamnations
pour causes non civiles, et que, si, dans certains
cas, il peut être à l'abri de tout reproche, il n'en
reste pas moins clair, d'après le texte de
l'article 541 lui-même, que la dot ne doit périr
ou être diminuée que quand le mari n'a aucuns
biens. »

La femme ne pouvait pas être contrainte à
aliéner sa dot pour tirer son mari de prison.

On s'était demandé si celui qui avait prêté
les deniers au mari pour se libérer serait
préféré à la femme demandant la restitution
de sa dot sur les biens du mari.

Basnage aurait considéré cette préférence
comme légitime [1].

Il reconnaît cependant qu'il est impossible
d'adopter cette solution en présence de l'ordonnance de la Marine de 1680. (Art. 13, livre III,
titre VI.) « Celui qui, au refus de la femme et
par autorité de justice, a prêté des deniers pour
le rachat de l'esclave n'est pas préféré à la
femme sur les biens du mari pour la restitution
de la dot [2]. »

1. Basnage, Commentaire, II. 413.
2. Flaust, Commentaire, II, 497.

Nous aurions aussi à signaler certains cas où les biens de la femme peuvent aussi être vendus.

C'est, par exemple, celui où la femme peut aliéner ses biens pour l'établissement de ses enfants : par mariage en leur achetant une étude de notaire ou d'avoué, en leur trouvant un remplaçant pour le service militaire, ou encore certains cas dans lesquels l'article 544 permet d'aliéner les biens dotaux pour acquitter une condamnation prononcée contre une femme normande pour méfait, médit ou autre crime.

Nous étudierons ces cas à leur place.

DE L'ALIÉNATION DES BIENS DOTAUX DE LA FEMME
DU CONSENTEMENT DES DEUX ÉPOUX

Art. 538. — « Quand le mari du consentement de sa femme, ou la femme de l'autorité et du consentement de son mari ont vendu et aliéné, les contrats sont bons et valables, et n'y sont la femme ni ses héritiers recevables, cessant minorité, dol, fraudes, déception d'autre moitié du juste prix, force, menaces ou crainte telle qui peut tomber en l'homme constant ; car la seule révérence et crainte maritale n'est suffisante. »

Cet article concernait la règle qui s'était peu à peu introduite, et qui autorisait les époux agissant conjointement à aliéner la dot de la femme.

Nous allons préciser quelle était la portée exacte de cette règle, et nous rechercherons, en étudiant les articles suivants, quelles précautions furent organisées par la coutume pour permettre à la femme de recouvrer la valeur du bien aliéné ou ce bien lui-même.

Dans ce but, notre coutume donnait à la femme un double recours contre le mari d'abord, et subsidiairement contre les tiers acquéreurs.

Nous étudierons donc :

1° Les conditions de validité de l'aliénation ;

2° Le recours de la femme contre son mari ;

3° Le recours de la femme contre le tiers acquéreur.

CHAPITRE V

CONDITIONS DE VALIDITÉ DE L'ALIÉNATION

Nous verrons, dans une première section, les règles générales concernant l'aliénation à titre onéreux; puis, dans la section deuxième, nous aurons à étudier les règles particulières concernant les divers démembrements de la propriété et la théorie des donations.

SECTION PREMIÈRE

Règles concernant l'aliénation à titre onéreux

Pour que l'aliénation fût valable, deux conditions étaient nécessaires :

1° Il fallait qu'elle fût faite de l'autorité et du consentement du mari, ou par le mari du consentement de la femme ;

2° L'aliénation ne devait être infìciée en elle-même d'aucun vice, tel qu'erreur, dol, violence, etc.

Nous allons étudier ces deux conditions :

§ 1ᵉʳ

CONSENTEMENT DU MARI A L'ALIÉNATION FAITE PAR LA FEMME OU CONSENTEMENT DE LA FEMME A L'ALIÉNATION FAITE PAR LE MARI [1].

Il faut distinguer si c'était la femme ou le mari qui faisait l'aliénation.

1° En ce qui concerne l'aliénation faite par la femme de l'autorité et consentement du mari, on s'était demandé si ce consentement devait être concomitant à l'acte, ou pouvait intervenir après coup.

S'appuyant sur l'emploi simultané des mots autorité et consentement, quelques auteurs avaient soutenu que ce consentement devait être concomitant. On fondait cette opinion sur ce triple motif: 1° que l'autorisation du mari était le fondement de l'acte; 2° que c'était une solen-

---

1. Nous savons que, sous le Code civil, l'aliénation des biens dotaux de la femme est annulable, même si elle a été faite par les deux époux conjointement. (Art. 1554.) Il n'en serait pas de même pour les propres de la femme mariée sous le régime de communauté; le mari ne peut les aliéner seul, mais il le peut avec le consentement de la femme. (Art. 1428.)

nité introduite par la coutume, et 3° enfin que cette coutume avait voulu faire de l'aliénation un pacte légitime, qui ne pût demeurer en suspens et dépendre d'une autorisation éventuelle, pouvant ne pas intervenir. On invoquait l'autorité de Balde, qui s'exprimait ainsi : « *Auctoritas mariti est adeo simplicis naturæ ut neque diem neque inter capedinem ullam recipiat, in ea quippe totius actus vis et fondamentum consistit tum et substantia originis.* » Enfin, on s'appuyait sur certains commentateurs des autres coutumes.

Malgré l'emploi des deux mots autorité et consentement dans l'art. 538 de notre coutume, les commentateurs étaient généralement d'accord pour considérer l'autorisation comme requise, *non ad integrandam legitimendamque personam*, mais seulement dans l'intérêt du mari ; si la coutume l'exigeait, c'était pour que la femme ne pût contracter au mépris de l'autorité maritale, et pour que l'aliénation consentie par elle ne portât pas atteinte aux droits de jouissance du mari[1]. On en concluait que la vente faite par la femme pouvait être validée par ratification subséquente du mari : « Le mari et la femme, dit Bérault, ne sont pas du tout comme

---

1. Sous l'art 538, BASNAGE, Commentaire, II. p. 392. — BÉRAULT, n. 542.

le tuteur et le pupille, car la femme qui est àgée a du jugement pour contracter; aussi le consentement ou ratification du mari de l'aliénation que la femme a faite de son bien, intervenant même après le contrat, valide icelle aliénation [1]. »

Si la coutume employait simultanément les expressions autorité et consentement, « c'est, dit le même auteur, qu'elle a estimé qu'en cas que le mary fût insensé ou en démence, il ne serait pas expédient de se contenter de son autorité ; pourtant elle a ajouté le mot consentement pour faire entendre qu'il est requis que le mary ait aussi consentement, ce qui ne peut s'il n'a de la capacité, de l'âge et du jugement ».

Les commentateurs de la coutume de Normandie étaient en effet d'avis que le mari mineur ne pouvait pas habiliter sa femme à aliéner sa dot. On considérait que ce consentement n'était pas une pure formalité, mais une condition de validité de la vente [2].

Le consentement du mari pouvait être exprès ou tacite. On avait autrefois prétendu que l'autorité du mari devait être relatée dans l'acte en

1. Bérault, *Commentaires*, ii, 512.
2. Basnage, *Commentaires*, ii, 393.

termes exprès. Mais, peu à peu, on s'était montré moins sévère : si le mari avait parlé dans l'acte, on considérait qu'il avait approuvé l'aliénation faite par sa femme, et cette approbation était suffisante. « Il y a deux sortes d'autorisations, dit Basnage, l'une expresse et l'autre tacite. L'autorisation est expresse lorsque le mari déclare, en termes formels, qu'il autorise sa femme ; l'autorisation tacite est celle qui n'est pas faite en termes exprès de bouche ni par écrit, mais qu'elle résulte néanmoins assez expressément de quelque action du mari [1]. »

L'autorisation maritale pouvait être suppléée par justice. Le juge devait alors rechercher si le mari avait de justes motifs de refuser son autorisation ; il devait entendre les plus proches parents de la femme, et rechercher si l'aliénation qu'elle voulait faire lui était nécessaire ou utile [2].

II. — L'aliénation était-elle faite par le mari, la femme devait donner son consentement.

On se montrait très rigoureux. Il ne suffisait

1. BASNAGE, *Commentaires*. II, p. 592.
2. Sous l'article 535, BASNAGE, II, 512.

CHAPITRE V

CONDITIONS DE VALIDITÉ DE L'ALIÉNATION

Nous verrons, dans une première section, les règles générales concernant l'aliénation à titre onéreux; puis, dans la section deuxième, nous aurons à étudier les règles particulières concernant les divers démembrements de la propriété et la théorie des donations.

SECTION PREMIÈRE

Règles concernant l'aliénation à titre onéreux

Pour que l'aliénation fût valable, deux conditions étaient nécessaires :

1° Il fallait qu'elle fût faite de l'autorité et du consentement du mari, ou par le mari du consentement de la femme ;

2° L'aliénation ne devait être infïciée en elle-même d'aucun vice, tel qu'erreur, dol, violence, etc.

Nous allons étudier ces deux conditions :

régissaient toutes ces causes de nullité ; nous nous bornerons seulement à l'observation suivante :

Lorsque l'aliénation était entachée d'un de ces vices, elle était frappée de nullité, et l'action donnée à la femme n'était pas, comme dans l'hypothèse précédente, une action réelle, mais une action en rescision. Lorsque l'action réussissait, elle aboutissait naturellement à la restitution du bien aliéné, comme dans l'hypothèse où l'aliénation avait été faite sans le consentement des deux époux.

SECTION II

Des règles particulières concernant les divers démembrements de la propriété et théorie des donations

Ce que l'article 538 disait de l'aliénation s'appliquait, par identité des motifs, à tous actes qui aboutissaient à un démembrement de la propriété de la femme. Bérault applique la règle

« à l'emphytéose, mesme a tous gages, hypothèques, obligations, confessions, procédure et
condamnations par les moyens desquels on
peut parvenir à l'aliénation. Le droit romain,
ajoutait : *Sive servitutem amittendo imponendove
sive usurpari fundo sinendo.*

Un arrêt du 16 janvier 1830 nous confirme
la théorie que la femme peut *hypothéquer* dans
les cas où elle peut aliéner, en autorisant la
femme à emprunter une somme d'argent avec
affectation hypothécaire de ses biens dotaux
pour l'établissement de ses enfants [1].

La femme peut aussi *cautionner* ses enfants
à raison de leur établissement.

La femme normande pouvait-elle faire *partage* de ses biens ? Oui, répond un arrêt du 15
juin 1848 ; car, dit cet arrêt, « il s'agit d'un
partage, c'est-à-dire d'un acte simplement
déclaratif et non translatif de propriété ; et
il est constant, d'après la jurisprudence, que
la dame..... quoique mariée sous l'empire du
statut dotal normand, a capacité pour le faire
avec l'assistance de son mari [2] ».

Que faut-il décider au sujet de la *transaction* ?

1. *Journal des Arrêts*, 1830-5, 16 janvier 1830. — HAVARD.
2. *Recueil pér.* 1853, 329, 15 juin 1843.

Les transactions, nous dit un arrêt du 6 décembre 1847 [1], sont soumises aux règles générales du droit, et sont rescindables en ce qui touche les femmes mariées, si elles les dépouillent de leurs biens dotaux sans que la valeur en soit convertie à leur profit. Cependant, la justice peut autoriser, à l'occasion d'un procès dont elle est saisie, la femme normande à transiger sur les biens dotaux, considérant que la transaction, dans le cas de l'arrêt du 14 janvier 1836 [2], est un acte de sage administration, et qu'il y a lieu de l'homologuer dans l'intérêt de toutes les parties.

Si une transaction a été faite par les deux époux conjointement, cachant en réalité une aliénation, la femme a recours contre son mari et contre les tiers, suivant les règles de droit commun. (6 août 1831 [3].)

Il nous reste à parler des aliénations à titre gratuit, des *donations*.

Il est certain que, sous la coutume de Normandie, la femme ne pouvait faire de donations

---

1. *Recueil pér.*, 6 novembre 1847, 583.
2. *Recueil pér.*, 11 janvier 1836-1838, 589; 23 février 1836-1838, 589.
3. *Recueil pér.*, 6 août 1831-1838, 106.

au profit de son *conjoint*[1]. (Art. 410). « Gens mariez ne se peuvent céder, donner ou transporter l'un à l'autre quelque chose que ce soit, ni faire contrats ou concessions par lesquels les biens de l'un viennent à l'autre, en tout, en partie directement ou indirectement. »

En fut-il de même sous la loi du 17 nivôse an II ?

La Cour de Rouen se prononçait affirmativement, et admettait, en demandant l'insinuation, que toutes les donations entre époux étaient valables, même sur les biens dotaux, « parce que, disait l'arrêt[2], une donation faite au survivant des époux est une donation à cause de mort, dont la validité doit s'apprécier d'après les dispositions des lois existantes au moment de la mort du prémourant, et que, d'un autre côté, il n'existait plus, dès l'an II, ni distinction de biens ni limitations dans les dons entre les époux qui n'avaient et n'auraient pas d'enfants[3].

Cette solution fut encore admise par un arrêt

---

1. Le Code civil autorise les donations entre époux; mais ces donations ont ceci de remarquable : elles sont toujours révocables Art. 1096) Ces donations ne peuvent porter sur les biens dotaux naturellement

2. *Journal des Arrêts*, 1821, 2, r. 216.

3. Voir registre de la Cour de Rouen, 1re section, 23 prairial an VII; 1re section, époux Fache, 15 pluviôse, an VIII

de la Cour de Caen du 15 décembre 1820, et par un autre arrêt du 13 novembre 1819 [1].

Un arrêt du 21 décembre 1811 [2] a aussi validé une donation de biens dotaux entre époux. « Attendu, disait l'arrêt, que la loi du 17 nivôse an II, dont le but était d'écarter les limitations que les anciennes coutumes avaient apportées aux avantages entre époux, a levé le seul obstacle qui, sous l'empire du statut normand, s'opposait aux dispositions de cette nature, et qui résultait de l'art. 410 de la Coutume de Normandie. »

Un autre arrêt de la Cour de Caen, du 18 novembre 1812 [3], considère « qu'une donation entre époux, sous l'empire de la loi de nivôse an II, n'est pas nulle aux termes de l'art. 410 de la coutume, parce que les prohibitions de cet article avaient été levées par la loi du 17 nivôse an II, et n'est pas nulle non plus d'après l'art. 1099 du Code civil, parce que cet article ne peut s'appliquer à des actes faits antérieurement. »

En sens contraire, nous avons trouvé, annulant des donations entre époux, sous la loi de nivôse an II, un arrêt de la Cour de Caen [4].

---

1. *Journal des Arrêts* 1824, 2, 216.
2. *Recueil pér.* 1814, 24 décembre, p. 675.
3. *Recueil pér.* 1812, p. 806.
4. Sirey, 19, 1, 65 ; D. 1818, 281.

Nous devons y ajouter un arrêt de la Cour de cassation, du 15 novembre 1822, qui annule un arrêt de la Cour de Rouen, validant une donation entre époux faite depuis la loi de nivôse [1].

La femme pouvait-elle faire une libéralité au profit de personnes *autres que son mari ?*

Terrien rapporte un arrêt du 28 mai 1512 [2]. Bérault en cite un autre du 12 décembre 1600, qui validèrent les donations faites par une femme autorisée de son mari. Mais ces arrêts ne fixèrent pas la jurisprudence.

On essayait bien de fortifier cette solution en alléguant qu'aucun texte ne défendait à la femme de faire une donation, et qu'au contraire, beaucoup de textes paraissaient l'y autoriser. Ainsi l'art. 431 permettait à toute personne âgée de 20 ans de donner entre vifs le tiers de ses immeubles : la femme, n'étant pas exceptée, devait y être comprise.

L'art. 410 défendait aux époux de se faire

1. Nous croyons utile d'indiquer, sur cette matière, une intéressante et très savante consultation de Mʳ Thomine, *Recueil pér.* 1844, p. 678.

2. Aujourd'hui, la femme ne peut faire donation à un tiers qu'avec l'autorisation de son mari. (Art. 217.) Elle ne peut jamais faire donation de ses biens dotaux, à moins qu'elle ne se soit réservé ce droit par contrat.

une libéralité ; or, la défense eût été inutile si la femme n'avait pas eu le droit de faire une libéralité à un tiers.

L'article 437 autorisait la femme à tester ; or, le testament est bien plus dangereux que la donation, puisqu'il permet au donateur de ne se dépouiller qu'à son décès.

On ajoutait même que la loi a sagement présumé que, à cause de son avarice naturelle, la femme ne se porterait à faire des libéralités que par des considérations très fortes.

Mais ces motifs n'avaient qu'une force très restreinte. Si, en effet, la coutume autorisait des aliénations à titre onéreux, elle ne les permettait que sauf récompense sur les biens du mari et recours subsidiaire sur les tiers détenteurs. La femme, en faisant une donation, aurait été irrévocablement dépouillée : « *donare est perdere* » ; aussi la jurisprudence se fixa-t-elle dans le sens de la nullité des donations faites par la femme.

C'est ce qui fut jugé par un arrêt de la Grande Chambre du 30 mai 1653, et par un autre arrêt du 29 mai 1659 [1].

Nous avons aussi trouvé, sur cette matière, un arrêt du 10 juin 1821 [2] qui affirme l'inaliéna-

---

1. BÉRAULT, *Commentaires*, 2, p. 214, note *a*.
2. *Journal des Arrêts* 1825, 2-105. Voir aussi *Recueil* pér. 1853, p. 105.

bilité à titre gratuit des biens soit dotaux, soit extra-dotaux, d'une femme normande vis-à-vis des tiers, ces deux catégories de biens étant l'une et l'autre également soumise aux règles des art. 538, 539 et 540 de la coutume.

Et non seulement la femme ne peut faire donation de ses biens aux tiers, mais encore, si elle a fait cette donation conjointement avec son mari, et qu'à sa mort elle se rende héritière de ce dernier, elle peut quand même poursuivre la nullité de sa donation, ce qu'elle ne pourrait faire en cas de vente. Au cas de vente, en effet, le mari qui a aliéné conjointement avec sa femme est soumis à garantie, ce qui retombe sur sa femme héritière, tandis que, au cas de donation, le mari n'est tenu à aucune obligation personnelle.

Sous la coutume de Normandie et même après la promulgation du Code civil, la femme ne peut disposer de ses biens à titre gratuit au profit de ses *enfants*.

Elle ne le peut par donation : ceci fut jugé par arrêt du 23 janvier 1821 [1].

Elle ne le peut par partage d'ascendant.

---

1. *Journal des Arrêts*, 1821, 1, 168.

Un arrêt du 17 juin 1852[1], à propos d'un partage d'ascendants, dit que, ce partage n'ayant été fait ni en faveur du mariage des enfants ni en faveur de leur établissement, admettre la validité de ce partage, ce serait « violer le principe conservateur de la dot, si sagement consacré par la coutume ».

« Considérant, dit un arrêt du 9 janvier 1836[2], que si, aux termes de l'article 431, la disposition de la dot en faveur des enfants n'est point proprement une aliénation, mais un avancement d'hoirie, on ne doit pas en induire que la femme puisse, en donnant sans mesure à ses enfants, soustraire sa dot ou partie de sa dot à sa véritable destination, qui est d'assurer, tant à elle qu'à son mari et à leur famille, les moyens de subsistance. »

À noter aussi ce motif, donné par un arrêt du 23 janvier 1824[3], à savoir que, hors les cas d'établissement des enfants, si la femme faisait donation, ses enfants pourraient aliéner immédiatement ces mêmes biens, « autant vaudrait que la femme les eût aliénés elle-même ».

Tous les arrêts que nous avons rencontrés[4],

1. *Recueil pér.*, 1853, p. 151.
2. *Recueil pér.*, 1838, p. 179. — Voir aussi arrêt du 16 juillet 1836, *Recueil pér.*, 1838, p. 182.
3. *Journal des Arrêts*, 1824, 1, 163.
4. Voir notamment : Caen, 15 mai 1844, R., p. 1844, p. 259; 9 jan-

et notamment ceux que nous venons d'étudier, autorisaient la femme à faire donation de son bien pour l'établissement de ses enfants.

Que faut-il entendre par établissement des enfants ?

C'est d'abord l'établissement par mariage : tous les arrêts sont en ce sens.

C'est ensuite tous les autres établissements solides, présentant des garanties de l'utilité de l'emploi des deniers. Ces établissements, dit un arrêt du 18 mai 1829[1], doivent être « certains, réels, déterminés et près à se réaliser, et on ne peut considérer comme tel celui qui ne doit avoir lieu qu'à une époque reculée, et qui ne représente que des spéculations et des entreprises incertaines, souvent dangereuses ».

Un arrêt du 25 janvier 1823[2] cite le cas d'établissement de notariat ; mais il ajoute qu'il ne faudrait pas regarder comme établissement « les dépenses journalières de l'enfant ».

Un autre arrêt du 6 janvier 1830[3] cite le cas de l'achat d'une étude d'avoué.

vier 1836, R. p , 1838 176 ; 16 juillet 1836, R p. 1838. 470 ; — Trib. de Caen, 10 août 1819, R. p., 1850, 610. — Le Code civil autorise aussi la femme à aliéner ses biens dotaux pour l'établissement de ses enfants. (Art. 1555-1556.)

1. *Journal des Arrêts*, 1830, p. 5.
2. *Journal des Arrêts*, 1823, 1, 177.
3. *Journal des Arrêts*, 1830, 5.

N'est pas considéré comme établissement la donation d'immeubles pour fournir une situation indépendante à un enfant. (Donation de château, domaine, etc. [1])

Il ne faudrait pas non plus regarder comme établissement de fausses spéculations sans bases fixes. (Arrêt du 18 mai 1829.)-

Quelles formalités la femme normande doit-elle remplir pour faire donation à ses enfants pour cause d'établissement?

Aucune autre que l'autorisation du mari, dit un arrêt du 21 mars 1854[2] ; car « rien n'indique qu'en pareil cas (donation de biens de la femme normande pour cause d'établissement de ses enfants), l'autorisation de la justice et l'avis des parents de la femme, prescrits par l'article 128 des placites, fussent nécessaires ; qu'en effet, il s'agissait d'un acte qui, par sa nature, devait être laissé à l'appréciation de la mère, mieux guidée que tout autre par ses devoirs et son affection quant au véritable intérêt de ses enfants, surtout quand le père était là pour lui accorder l'autorisation. »

Au contraire, un arrêt du 7 mars 1845[3] sem-

---

1. Arrêt du 15 mai 1844, R. p. 1844, 259.
2. *Recueil p*. 1854. — Caen, 130.
3. *Recueil pér.*, 1845, p. 180.

ble exiger l'avis de justice et l'autorisation des parents ; car « il est de principe consacré par la jurisprudence et les auteurs que la femme mariée sous la Coutume de Normandie pouvait aliéner ou hypothéquer ses immeubles, avec permission de justice et avis des parents, pour l'établissement de ses enfants, ce qui est d'ailleurs conforme aux dispositions de l'article 1556 du Code civil ».

Il faut remarquer que la donation faite par la mère pour cause d'établissement d'un enfant serait nulle, s'il y a eu fraude de la part de la femme et des enfants ; si, comme dans l'espèce de l'arrêt du 18 mai 1829 [1], « la donation n'a été imaginée que pour faire souscrire par les enfants une obligation qui eût été invalide de la part de la femme, et n'eût pu atteindre les biens dotaux. »

Si la mère a fait une donation à ses enfants, dans les cas prévus par la coutume, et que cette donation soit valable, il va sans dire que les enfants ne peuvent avoir plus de droits que n'en avait leur mère.

Si, par exemple, une femme n'a été colloquée

---

1. *Journal des Arrêts*, 1830, p. 5.

de la somme qu'elle avait apportée à son mari
qu'à charge de fournir remplacement, et qu'elle
ait fait donation de ce bien dotal à un enfant,
cet enfant est, comme la mère, obligé au remplacement. (Arrêt du 12 décembre 1820 [1].)

A quel moment la femme normande peut-
elle demander l'annulation des donations entre
vifs par elle consenties de ses biens dotaux ?

Elle le peut durant le mariage, et même
sans faire prononcer la séparation. (Arrêt du 13
juillet 1827 [2].)

Mais les héritiers de la femme ne peuvent
intenter cette action en nullité, de même que
l'action en réduction des donations excédant les
libéralités permises par la coutume, que dans
les dix ans à partir du décès de la femme (art.
435), si ses héritiers sont majeurs, ou à partir de
leur majorité s'ils sont mineurs.

Il en était ainsi sous la coutume (art. 435), et
il en est ainsi sous le Code civil (art. 1304).

Un arrêt du 18 juin 1845 fait application de
cette doctrine à propos de la révocation d'une
donation faite par une femme normande à son
mari de ses biens dotaux.

1. *Journal des Arrêts*, 1824, 1, 169.
2. *Journal des Arrêts*, 1827, 1, 356.

L'action en rescision y est refusée, parce qu'il s'était écoulé plus de 10 ans depuis le décès de la femme.

Telle est la théorie des donations sous la Coutume de Normandie : nous avons cru devoir nous étendre assez longuement sur ce sujet.

Nous avons vu que l'aliénation, aux termes de l'art 538 de la coutume, était bonne et valable, lorsqu'elle était faite du consentement de la femme et du mari.

Cela n'était vrai toutefois que sous certaines restrictions.

Il fallait, ou bien que le prix de la chose eût été remployé, ou bien que la femme eût recouvré sur les biens du mari la valeur de l'héritage aliéné, ou enfin qu'à défaut de l'une ou l'autre de ces conditions, le tiers acquéreur se déclarât prêt à payer le prix du bien aliéné. Si l'une de ces conditions ne se trouvait réalisée, la femme pouvait reprendre son bien entre les mains du tiers détenteur.

Nous allons examiner le recours de la femme contre le mari ou contre le tiers détenteur.

CHAPITRE VI

Le mari devait employer les deniers provenant du prix d'aliénation des biens de la femme.

Faute par lui de procéder au remploi, la femme exerçait sur les biens du mari son action en reprise, garantie par une hypothèque.

Nous avons donc à étudier :

1° Le remploi ;

2° La récompense.

SECTION PREMIÈRE

Du remploi [1]

Lorsque le mari et la femme procédaient conjointement à l'aliénation d'un immeuble de

1. Le Code civil s'est aussi occupé du remploi.

On distingue deux espèces de remploi : le *remploi facultatif*, qui est autorisé, mais non imposé par la loi, et le *remploi conventionnel ou obligatoire*, qui est prévu et imposé par le contrat de mariage. (Art. 1434-1435.) La clause de remploi peut se rencontrer sous le régime dotal comme sous le régime de communauté. Il peut arriver celle-ci, le mari devait en faire le remploi. Faute de remploi, les deniers n'étaient pas censés avoir été employés au profit de la femme; alors même qu'elle produirait une déclaration par laquelle elle reconnaîtrait avoir reçu le prix de vente de son héritage, elle serait recevable à exercer son recours contre son mari ou contre le tiers acquéreur, s'ils ne fournissaient la preuve directe du profit de la femme.

Ainsi l'avait décidé un arrêt du 26 juillet 1576, rapporté par Bérault [1].

Il en serait ainsi alors même que non seulement la femme aurait reçu, mais même dissipé les deniers provenant de l'aliénation de ses biens. (12 juin 1835 [2].)

Sans cela, il eût été trop facile de tourner la loi, qui voulait que la femme ne perdît pas sa dot [3].

La présomption, dit Godefroy, est au bénéfice des femmes, que telles clauses sont employées dans les contrats à l'induction des maris et des acquéreurs.

---

que les époux choisissent le régime dotal avec une clause autorisant l'aliénation des immeubles dotaux à charge de remploi: c'est dans cette hypothèse que nous allons étudier le remploi sous le Code civil pour le comparer au remploi normand.

1. BÉRAULT, *Commentaires*, 26 juillet 1576, 2, p. 557.

2. 2e Ch., 12 juin 1835, LECROSNIER.

3. GODEFROY, *Commentaires*, 2, 558.

Mais la présomption cessait devant un remploi régulièrement fait.

1° Nous avons à rechercher les conditions du remploi ;

2° En quels biens il devait être fait ;

3° Les effets qu'il produisait.

§ 1er

CONDITIONS DU REMPLOI

Il n'était pas nécessaire que le remploi eût été stipulé ; il était dû de plein droit.

Le remploi s'était introduit pour empêcher les époux de se faire des donations indirectes qui auraient échappé à la prohibition des donations entre époux.

C'était un adage, à une certaine époque, que « le mari ne pouvait se lever assez matin pour vendre les biens de sa femme ».

Le danger était moins grand en Normandie, où la femme avait un recours contre les tiers acquéreurs pour obtenir la valeur de son bien. Cependant, le recours était subordonné à une renonciation de la femme à son droit dans les conquêts, et il pouvait être de l'intérêt de la femme de ne pas renoncer, et de retrouver son immeuble destiné à remplacer celui qui avait été aliéné.

Pour la validité [1] du remploi, il fallait :

Que le mari déclarât qu'il entendait faire remploi, et que les deniers employés au paiement du prix d'acquisition provenaient de l'aliénation des biens de la femme ; sans cela, si le mari acquérait en son propre nom, même en présence de la femme, c'est à lui qu'appartenait la propriété du fonds [2] ;

Il fallait, en second lieu, que la femme acceptât le remploi.

La question fut ainsi jugée par un arrêt du 12 mars 1676 [3].

Bérault, cependant, est d'un avis contraire [4].

Si on ne pouvait imposer à la femme un immeuble acquis en remploi sans son acceptation, elle ne pouvait, de son côté, forcer les héritiers ou les créanciers du mari à le lui abandonner [5].

---

1. Le Code civil exige, pour la validité du remploi opéré pour le compte de la femme :

1° La déclaration de l'origine des deniers ;

2° La déclaration du but de la nouvelle acquisition ;

3° L'acceptation formelle faite par la femme du remploi. (Art 1434-1435.)

2. FLAUST, *Commentaires*, II, p. 493.

3. BÉRAULT, *Commentaires*, II, p. 125, note .

4. BÉRAULT, *Commentaires*, II, p. 557.

5. FLAUST, *Commentaires*, I, p. 492.

Ces solutions restaient-elles vraies lorsque le contrat de mariage portait obligation de remploi?

Pour soutenir qu'une acceptation de la femme n'était pas nécessaire, on pouvait dire que le contrat de mariage contenait une procuration donnée au mari, et le mari agissait comme mandataire en vertu de la procuration contenue au contrat de mariage. Le consentement anticipé de la femme avait plus de valeur encore que celui qu'elle aurait pu fournir lors de l'acquisition; car, au moment où elle le donnait, elle était entièrement libre. Le mandat donné par la femme était obligatoire pour elle-même comme en sa faveur. Si elle se plaignait que le remploi ne fût pas suffisant, elle n'avait qu'à s'en prendre à elle d'avoir donné le mandat contenu en son contrat de mariage.

On objectait, au contraire, que l'acceptation de la femme était nécessaire, en interprétant de tout autre façon la clause de remploi obligatoire contenue dans le contrat de mariage, et en disant que cette clause signifiait simplement que la femme se réservait le droit d'obliger son mari à faire un remploi, mais de concert avec elle.

Cette interprétation, qui nous paraît être la plus juste, ne paraît pas avoir été admise [1].

---

1. FLAUST, *Commentaires*, 1, 494.

Enfin, pour que le remploi fût suffisant, il fallait que le bien acquis en remploi fût d'une valeur au moins égale à celle de l'immeuble aliéné.

S'il était d'une valeur inférieure, la femme gardait son droit de récompense et son recours contre le tiers détenteur.

Mais qu'arrivait-il s'il était d'une valeur supérieure au bien aliéné ?

C'était tout profit pour la femme. Le remploi régulier ne pouvait être critiqué par les héritiers du mari, sous prétexte qu'il aurait dû garder pour lui cette bonne occasion, et qu'en en faisant profiter la femme, il lui fait une libéralité défendue.

Les commentateurs remarquèrent très justement que « le mari n'est pas réputé faire un avancement à sa femme en acquérant pour elle à vil prix et bon marché, parce qu'il ne lui en coûte rien et que ses biens n'en sont pas diminués[1] ». — « Le mari, dit Pesnelle,[2] peut faire l'avantage de sa femme, pourvu que cet avantage se fasse sans diminution de ses propres biens. »

Le remploi aurait donc pu être critiqué par

1. BASNAGE, *Commentaire*. II, 404.
2 PESNELLE, *Commentaires*, II, 713.

les héritiers du mari ou par ses créanciers, si celui-ci avait donné un de ses immeubles d'une valeur supérieure à celle de l'immeuble aliéné de la femme. Il serait censé, en pareil cas, lui avoir fait une donation ; et un arrêt du 15 décembre 1835[1] nous dit que, « dans ce cas, la femme a dû tenir compte au mari de tout ce qui, dans le prix de l'immeuble, excédait le montant de la créance (pour ses reprises) qu'elle avait à exercer contre lui. »

Cependant, suivant le même arrêt, la femme deviendrait propriétaire de l'immeuble pour le tout, si, avant le décès du mari, étaient vendus d'autres biens suffisants pour atteindre le prix de l'immeuble donné en remploi.

Nous avons vu que les donations entre époux étaient prohibées dans notre coutume, et, pour mieux assurer l'observation de cette prohibition, on avait prohibé tous les actes à titre onéreux ; le mari n'aurait donc pas dû pouvoir donner un de ses immeubles comme remploi à sa femme, ce qui est un acte à titre onéreux, si une disposition formelle de la coutume ne l'y avait autorisé.

« Toutefois, dit l'article 411, le mari ayant aliéné l'héritage de sa femme lui peut transporter du tiers pour récompense, pourvu que ce

---

1. *Recueil pér.*, 15 décembre 1835, ii, 541.

soit sans fraude ou déguisement, et que la valeur des héritages soit pareille et qu'il apparaisse de l'aliénation du mary par acte authentique. »

Lorsque les conditions prescrites par cet article se trouvaient réunies, nul n'avait le droit de se plaindre, ni la femme ni les créanciers du mari.

§ 2

EN QUELS BIENS DEVAIT ÊTRE FAIT LE REMPLOI

Le remploi devait être fait en fonds.

On s'était demandé si l'acquisition d'une rente constituée pouvait être regardée comme un remploi suffisant.

Un mari avait reçu procuration de vendre une maison appartenant à sa femme; avec le prix de vente, il se fit constituer une rente : l'acquéreur de la maison contesta la solidité de ce remploi.

Basnage fit valoir que, si une rente pouvait être par fiction considérée comme un immeuble, ce n'était certainement pas un fonds. La rente n'est pas permanente comme un fonds; elle peut être amortie, et la femme, privée de son remploi, aurait pu se retourner contre le tiers acquéreur.

Vainement, l'avocat adverse opposait la solvabilité du mari ; le tiers était en droit de se prémunir contre son insolvabilité éventuelle en exigeant que le remploi fût fait en fonds.

Par arrêt du 28 mai 1639, la Cour, en la Chambre de l'Édit, condamna le mari à faire le remploi en fonds dans le délai d'un an, sous peine de résolution du contrat de vente du bien de la femme [1].

Dans l'espèce que nous venons de rapporter, le tiers acquéreur avait stipulé que le remploi se ferait en fonds ; or, il semblait difficile de considérer la rente comme un fonds.

Mais, à défaut de stipulation spéciale, devait-on donner la même solution ?

C'est une question que les commentateurs ne résolvent pas ; mais nous serions tentés d'admettre la même solution pour les mêmes motifs.

Par arrêt du 15 juillet 1823 [2], il fut jugé que la conversion en rente viagère du prix d'un immeuble aliéné d'une femme normande, n'est pas un remplacement valable de cet immeuble ; car « cette rente n'était alors qu'un simple meuble », ce qui n'est pas suffisant.

---

1. Arrêt Le Noble. — BASNAGE, *Commentaires*, II, 405.
2. *Journal des Arrêts* 1823, 1, 200. — Voir aussi arrêt Vaumousse, *Journal des Arrêts*, 3, 200.

Cependant, cette conversion pouvait être autorisée si les époux étaient vieux et infirmes [1].

Pouvait-on, sous le Code civil, faire le remploi normand en rentes sur l'État ?

Ceci fut jugé affirmativement par l'arrêt du 20 novembre 1826 [2]. S'il est vrai en effet que ces rentes, réputées immeubles autrefois, sont regardées comme meubles aujourd'hui (motif qui empêchait la conversion en rente viagère du prix de l'immeuble pour servir de remploi), ces rentes peuvent cependant remplacer des objets de même nature (rentes, deniers dotaux), si on peut leur donner le caractère d'inaliénabilité ; or, on peut leur donner ce caractère en libellant l'inscription de telle ou telle manière.

On considérait comme un remploi l'amortissement d'une rente constituée sur un fonds appartenant à la femme, au moyen des deniers dotaux de celle-ci.

L'immeuble acquis en remploi pouvait-il

1. Arrêt Fauconnier, 1re Ch., 12 août 1822. *Dictionnaire*, v° *Femme normande*, n° 129, p. 112.
2. *Journal des Arrêts* 1827, 1, 220, d'Auray de Saint-Poix.

être indistinctement situé en Normandie ou dans une autre province ?

Avant de résoudre cette question, il nous semble utile d'exposer brièvement la théorie de la réalité de la coutume normande.

La législation normande était réelle, c'est-à-dire qu'elle s'appliquait à tous les immeubles situés dans le ressort de la coutume, et ne s'appliquait qu'à eux, que leur propriétaire fût ou non domicilié en Normandie. De nombreux arrèts ont fait application de cette réalité dans l'ancien droit et sous le Code civil [1].

La loi normande, en vertu de sa réalité, frappe donc :

1° L'immeuble appartenant à une femme mariée en Normandie, et cela quelque loi qui ait pu par la suite intervenir (même après le Code civil), pendant toute la durée du mariage et sous tous les rapports [2].

2° Elle frappe aussi l'immeuble appartenant à une femme mariée en pays de communauté, si elle a acquis cet immeuble tant que le statut normand subsistait [3], et alors c'est ce statut normand qu'on applique.

1. *Journal des Arrêts*, 1827, 1. 101. 1828, 2, 12.
2. 8 juillet 1824, *Journal des Arrêts*, 1826, 1, 25 ; 17 août 1813 (SIREY, 13, 1, 111 ; Cassation 9 décembre 1810, SIREY, 11, 1. 39).
3. Caen, 21 avril 1813 (SIREY, 14, 1. 132).

Mais, si la femme, mariée en pays de communauté, a acquis ce bien depuis que le statut normand a cessé d'exister à raison des lois nouvelles, ce bien est soumis au régime du domicile de la femme. (Rouen, 19 août 1812[1].)

À l'inverse, le statut normand ne s'applique pas aux immeubles appartenant aux femmes mariées en Normandie, mais situés hors la province[2]. Le statut normand ne régit ni le droit ni le bien des femmes hors la coutume.

Nous allons mieux comprendre maintenant les explications qui suivront sur la situation des biens donnés en remploi.

L'immeuble acquis en remploi devait être situé en Normandie ; en effet, s'il avait été situé dans une autre province, le mari aurait pu l'aliéner ; car seuls les fonds situés en Normandie étaient inaliénables, la plupart des autres provinces n'admettant pas l'inaliénabilité. De nombreux arrêts avaient fait application de la doctrine que nous venons d'indiquer. Ceci était vrai pour la femme mariée en Normandie; mais la question se compliquait, si la femme, domiciliée hors du ressort de la coutume de Nor-

---

1. Sirey, 13, 1, 5. — Sirey, 18, 1, 387. — Voir toutefois un arrêt contraire de la Cour de Caen, 13 janvier 1813 (Sirey, 13, 2, 99).
2. Cassat., 27 août 1814 (Sirey, 11, 1, 40).

mandie, vendait un immeuble sis dans cette province, et acquérait un remploi sur immeuble dans une autre province. Ce remploi était-il suffisant? Et, si l'immeuble acquis en remploi était aliéné, comme il pouvait l'être en vertu de la coutume locale, la femme avait-elle un recours contre l'acquéreur de son immeuble sis en Normandie, dans le cas où le mari était insolvable?

Un arrêt rendu en 1624 fit droit aux prétentions de la femme, par ce motif qu'elle ne pouvait aliéner un immeuble sis en Normandie qu'à la condition d'avoir sa récompense sur les biens de son mari, faute de quoi elle pouvait se retourner contre l'acquéreur.

Basnage [1], qui rapporte cet arrêt, le critique. Il remarque, en effet, qu'une femme domiciliée hors de la coutume de Normandie était capable de disposer de ses biens, et ne pouvait invoquer les dispositions de notre coutume pour se faire restituer contre les conséquences d'une aliénation qu'elle avait faite en pleine capacité.

La critique ne nous paraît pas fondée. L'aliénation d'un immeuble dotal du ressort de la coutume de Normandie, n'était valable qu'à la condition que la femme pût en recouvrer la

---

1. Basnage, *Commentaire*, II, p. 403.

valeur sur son mari. C'était à l'acquéreur à n'acheter que sous la condition que le remploi se ferait en biens eux-mêmes inaliénables et situés, par conséquent, dans le ressort de notre coutume.

L'acquéreur n'avait pas fait tout ce qu'il pouvait pour sa sécurité lorsque, ayant acquis un immeuble normand, il n'avait pas exigé le remploi en immeubles également situés en Normandie. Il pouvait imposer ce remploi, et ne devait s'en prendre qu'à lui de ne l'avoir pas fait.

La critique de Basnage nous paraît, du reste, se heurter au principe de la réalité des coutumes.

La femme pouvait aliéner les immeubles qu'elle possédait sous d'autres coutumes, sans que les tiers acquéreurs fussent exposés aux recours, si le mari ne fournissait pas un remploi valable, et si la femme ne trouvait pas des biens suffisants pour sa récompense.

Bien plus, le remploi fait par le mari serait resté sans effet vis-à-vis des tiers.

Le contraire fut jugé cependant par l'arrêt du 16 juin 1629[1].

<hr>

1. BASNAGE, *Commentaires*, II, p. 43.

Deux époux normands avaient aliéné des biens appartenant à la femme, et situés dans le ressort de la coutume de Dreux, qui n'impose pas le remploi. Le mari fit néanmoins remploi en biens situés en Normandie. Les créanciers ayant fait décréter ses biens, l'héritier de la femme assigna les acquéreurs en délaissement des héritages acquis en remploi des biens de celle-ci.

Les acquéreurs objectaient que le remploi n'avait pu être fait, puisque ni la convention ni la loi ne l'exigeaient.

La demanderesse répliquait que, si la coutume de Dreux n'imposait pas le remploi, elle ne le défendait pas, d'autant plus qu'en faisant le remploi, le mari avait simplement entendu ne pas s'enrichir aux dépens de la femme. Les juges de la Chambre des enquêtes furent partagés; mais la Grand'Chambre donna raison à la demanderesse.

Basnage ajoute, après avoir rapporté cette décision : « Les acquéreurs paraissaient favorables, puisque, suivant la coutume de Dreux, où les biens de la femme étaient situés, la femme ne peut demander le remploi et quoique le mari eût fait une déclaration de remploi. Toutefois, comme il n'y était point obligé, et que la femme ne l'avait point accepté, il demeurait le maître de cet héritage, qu'il avait acquis, et une déclaration de remploi sans obligation et sans nécessité ne le privait point d'en disposer librement. »

Mais, à l'inverse, tout immeuble sis en Normandie était inaliénable, quel que fût le domicile de la femme à laquelle il appartenait. Par conséquent, son aliénation n'était permise que sous les conditions de l'art. 538 et suivants.

Si donc elle faisait un remploi insuffisant, consistant en l'achat d'immeubles hors la coutume de Normandie, dont elle pouvait par suite disposer valablement, elle pouvait recourir contre l'acquéreur de son immeuble, au cas où son recours contre son mari ne lui assurait pas la récompense à laquelle elle avait droit.

Au surplus, Basnage fut appelé à soutenir ce principe dans une affaire qui fut tranchée par un arrêt du 9 mars 1679 [1].

Une femme mariée à Paris avait une rente constituée sur des biens sis en Normandie. Celui qui devait la rente, ayant voulu la payer, exigea qu'il fût fait remploi. Le mari s'y refusa, sous prétexte que la coutume de Paris ne l'exigeait pas, et que, « la rente ne subsistant qu'en la personne du créancier, la coutume de Nor-

____

[1]. BASNAGE, *Commentaire* 2, 404, arrêt de Flavigny.

mandie n'était point considérable en cette ren-
contre ».

Basnage n'eut pas de peine à démontrer que
la rente constituée en Normandie était un immeuble normand. Les rentes constituées n'étant
point attachées à la personne du créancier, elles
suivaient la nature des biens affectés à la rente.
Le détenteur de la rente ayant tous ses biens
situés en Normandie, la rente était un immeuble normand. D'autre part, les coutumes étaient
réelles; les dispositions des art. 537 et suivants
s'appliquaient à cette rente. Le débiteur, en
payant, n'était donc en droit d'exiger un remploi
suffisant que si le bien acquis était situé en
Normandie. C'est ce que nous avons déjà
exposé. La Cour décida que le mari serait
tenu de « bailler caution comme remplacement
en Normandie ».

Un autre arrêt rendu en la Grand'Chambre,
le 18 juin 1682, entre les sieurs le Vaillant et
Flonet, consacra une solution identique [1].

C'était donc une jurisprudence certaine que,
si des époux domiciliés hors de la province de
Normandie aliénaient un bien dotal de la femme
situé dans cette province, ils étaient tenus de
fournir remploi en immeubles suffisants également situés en Normandie.

1. BASNAGE, *Commentaires*, 2, 405.

§ 3

EFFETS DU REMPLOI

Lorsque le remploi avait été valablement fait, la femme devenait propriétaire du bien acquis en remplacement de son immeuble aliéné.

Comme nous l'avons déjà observé, les héritiers et les créanciers du mari ne pouvaient pas prétendre que la femme en tirât un avantage, à moins que l'immeuble donné en remploi ne fût un immeuble du mari, ou du moins eût été acheté plus cher que n'avait été vendu l'immeuble dotal.

La femme qui avait accepté le remploi était-elle obligée de s'en contenter ?

La raison de douter vient de l'article 125 du règlement de 1666, aux termes duquel il est au choix de la femme et de ses héritiers de se contenter du prix de la vente, ainsi que du contre-échange ou rente de la fieffe, ou demander le juste prix de ses héritages à son mari ou à ses héritiers et, subsidiairement, aux acquéreurs et détenteurs, aux termes des articles 539, 540 et 512 de la Coutume ».

Ne résulte-t-il pas de là que la femme était toujours recevable à demander le juste prix de son héritage à son mari, et subsidiairement, au tiers acquéreur ? Nous ne le croyons pas, basant notre opinion sur l'article 539, qui subordonne le recours de la femme à l'absence de remploi. Du moment qu'elle avait accepté le remploi, elle devait s'en contenter.

Une seule restriction devait être admise : c'était au cas où la femme avait subi un préjudice ; alors elle devait garder l'immeuble sauf à demander le supplément, en égard à la valeur comparée de son immeuble et de celui acquis en remploi au jour du décès de son mari.

SECTION II

De la récompense

Si le remploi n'avait pas été effectué au cours du mariage, la femme ou ses héritiers exerçaient sur les biens du mari leurs actions en reprise à la dissolution du mariage.

Toutefois, si le remploi n'avait pas encore été fait, les héritiers du mari pouvaient le faire à l'époque de la liquidation des droits de la femme. (Arrêt du 22 février 1832. Ozenne [1].)

1. Arrêt du 21 février 1832. OZENNE, *Dictionnaire de jurisprudence*, v° *Femme normande*, n° 137, p. 443.

§ 1er

MONTANT DE LA RÉCOMPENSE

Quel était le *montant de l'indemnité à réclamer par la femme ?*

L'article 125 des placites porte : « Néanmoins, il est au choix de la femme et de ses héritiers de se contenter du prix de la vente, ainsi que du contre-échange ou rente de fieffe, ou demander le juste prix de ses héritages à son mari ou à ses héritiers et, subsidiairement, aux acquéreurs et détenteurs, aux termes des articles 539, 540 et 542 de la Coutume. »

Le juste prix dont il est parlé dans ce texte est fixé par l'estimation au jour du *décès du mari :* « Il consiste dans ce qui représente leur valeur tant intrinsèque qu'extrinsèque. » (15 mai 1834, Mulot ; 8 novembre 1825, Deslandes [1].) Par exemple, un acquéreur, pour prix de son acquisition, a été soumis à une rente de fief. La femme demande le juste prix : elle aura droit à la valeur en capital de ses immeubles, et ne

---

1. *Dictionnaire de jurisprudence*, v. N., n° 168, p. 446.

pourra être contrainte de se contenter de leur valeur en revenu.

Si c'était la *femme qui prédécédait*, les héritiers n'étaient pas obligés d'attendre la mort du mari. L'estimation pouvait se faire au décès de la femme. et les héritiers, comme la femme elle-même, avaient droit à l'option de l'article 125 des Placites. (19 juin 1832, Bonhomme [1] ; 21 février 1835, Auvray [2].)

On se tromperait si on croyait que le choix appartenait à la femme, dans tous les cas indistinctement ; ce n'était vrai que si elle renonçait à la succession de son mari. Lorsqu'elle était *héritière du mari*, on n'appliquait plus les articles 539 et suivants ; on appliquait les articles 108 et 109 de la Coutume et les articles 67 et 107 des Placites. Et on décidait, en conséquence, que la femme ne pouvait demander le remplacement que jusqu'à concurrence du prix de la vente.

« L'article 108 de la coutume, dit Flaust [3], indique assez que l'on ne peut demander que le remploi du prix de la vente et non une nouvelle

1. *Dictionnaire de jurisprudence*, v. N., n° 167, p. 416.
2. *Rec. pér.* 2, 143.
3. FLAUST, *Commentaires* 1, p. 175.

estimation du fonds. Aussi doit-on tenir pour certain que l'héritier au propre n'a autre chose à demander que le prix des contrats, s'il n'y a point eu de fraude ou de déguisement. Cette règle a lieu vis-à-vis de la femme héritière de son mari qui demande le remplacement de ses propres biens aliénés pendant le mariage. Elle ne peut demander que la récompense du prix de vente. »

Un arrêt du 9 juillet 1825 [1] donne une solution contraire, et admet que la femme, renonçant ou non à la société aux meubles et acquêts, a le choix entre le prix de ses immeubles dotaux, d'après leur valeur au décès du mari, ou le prix porté au contrat de vente. Mais la solution contraire nous semble préférable.

Si la femme est *séparée de biens*, elle sera encore plus favorisée, et aura le choix de demander, soit le prix du contrat de vente, soit la valeur à l'époque de la restitution, soit enfin [2] la valeur à l'époque de la séparation (25 août 1836), ou, sous le Code civil, à l'époque de la demande en séparation, à cause de la rétroactivité établie par l'art. 1445 du Code civil [3].

Si une femme normande a *touché le prix de*

2. 9 juillet 1825, *Journal des Arrêts*, 5. 22, POLLET.
1. 25 août 1833, LAILLIER, *Rec. pér.*, 1, 69.
2. *Rec. pér.* 1, 69.

son propre aliéné, elle pourra quand même faire fixer le juste prix des immeubles vendus, sauf à imputer sur l'estimation les sommes par elle reçues. (21 fév. 1835, Auvray [1].)

Il en serait de même si la femme s'était mise en possession d'un immeuble acquis en remploi; elle pourra faire estimer ce remploi et réclamer le surplus. (Ar. 21 février 1835.)

Il a été jugé qu'une femme a pu être *instituée légataire des biens de son mari* et profiter de ce legs, sans pour cela perdre le droit d'option qui lui est conféré par l'art. 125 des Placites. (19 juin 1832, Bonhomme ; 21 fév. 1835, Auvray.)

Si le prix d'un immeuble dotal a été déterminé par une *expropriation pour cause d'utilité publique*, la femme peut exiger ce prix sans avoir recours à une expertise. (22 février 1832, Ozenne.)

Lorsque le prix de l'immeuble de la femme a été payé en *bons et effets de commerce*, la femme aura droit à la valeur intégrale reçue par le mari, et pourra ne pas se contenter du prix pour lequel ces bons et effets ont été revendus. (22 fév. 1832 Ozenne.)

1. *Rec. pér.*, 2, 413.

§ 2

GARANTIE ASSURANT L'EFFICACITÉ DE L'ACTION EN REPRISE

Pour la garantie de l'action en reprise, la coutume avait donné une hypothèque prenant rang à une date variable, selon que l'immeuble aliéné était ou non un bien dotal.

L'inaliénabilité s'appliquait aux biens dotaux comme aux biens non dotaux.

Mais l'hypothèque garantissant l'action en recours contre le mari du chef de l'aliénation des biens dotaux, avait un rang plus favorable (art. 539) que celle qui garantissait la créance née à son profit du chef de l'aliénation des biens non dotaux (art. 542).

La femme pouvait en outre se faire attribuer directement les immeubles du mari jusqu'à concurrence de ses reprises. (Article 121 des Placites.)

Nous allons examiner successivement ces deux garanties :

1° Hypothèque,

2° Droit d'envoi en possession des biens du mari.

I

HYPOTHÈQUE

La femme avait une hypothèque garantissant l'indemnité qui lui était due à raison de l'aliénation de ses biens[1].

C'était une garantie légale : elle ne pouvait pas y renoncer pendant le mariage[2].

Mais, si cette renonciation intervenait après la dissolution du mariage, elle était valable ; car, pouvant valablement aliéner son immeuble, la femme pouvait à plus forte raison renoncer à la garantie qui lui assurait la restitution de la valeur de cet immeuble.

A. — Rang de l'hypothèque[3]

Nous avons déjà dit que le rang de l'hypo-

1. Le Code civil a aussi accordé à la femme mariée une hypothèque légale garantissant les créances que la femme pouvait avoir contre son mari. (Art. 2121.)

2. Aujourd'hui, la femme mariée peut céder son hypothèque légale ou y renoncer dans certains cas. Loi du 23 mars 1855, art. 9, et du 13 février 1889.)

Toutefois, la subrogation à l'hypothèque légale de la femme mariée n'a pas lieu lorsque la dot est inaliénable comme sous le régime dotal.

3. Le rang de l'hypothèque légale sous le Code civil varie aussi suivant la créance que cette hypothèque garantit (art. 2135), et encore, pour que cette hypothèque légale ne perde pas son rang de faveur, il faut que l'inscription soit prise dans l'année qui suit la dissolution du mariage. (Loi du 23 mars 1855, sur la transcription, art. 8.)

thèque variait selon qu'elle garantissait la restitution de la valeur d'un fonds dotal ou d'un fonds non dotal : étudions maintenant les détails.

Sur ce point, nous avons deux textes ainsi conçus :

Art. 539. — « Si le dot de la femme a été aliéné en tout ou en partie, et que les deniers ne soient convertis à son profit, elle aura récompense du juste prix sur les biens de son mari, du jour du contrat de mariage et célébration d'icelui. »

Art. 542. — « Et quant à tous autres biens, immeubles, appartenant aux femmes autres que leur dot soit à droit de succession, donation acquisition ou autrement, s'ils sont aliénés par la femme et le mari ensemble ou par la femme du consentement et autorité de son mari, et que l'argent provenant de la vente ait été converti au profit de la femme comme dessus est dit, elle doit avoir sa récompense sur les biens de son mari, mais l'hypothéque prend seulement pied du jour de l'aliénation. »

I. — *Quels biens sont dotaux et quels biens ne le sont pas*

La première question qui se pose sur l'interprétation de ces textes est celle de savoir *quels biens étaient dotaux*, et quels autres ne l'étaient pas.

Les commentateurs n'étaient pas absolument d'accord sur ce point.

Godefroy[1] considérait comme fonds dotal l'héritage ou rente donnée en faveur du mariage pour tenir le côté et ligne de la femme ou qu'elle possède lors d'icelui » ; et il ajoutait: « Partant, ce que la femme possède *sine matrimonio, dos non est*, parce que la dot a sa relation au mariage. »

Basnage[2], dans son Traité des hypothèques, regardait cette interprétation comme trop restrictive, et il décidait que l'on devait comprendre dans la dot tout ce que la femme apporte au mari par son contrat de mariage, et tout ce qui lui échoit par succession en ligne directe : c'est l'opinion qui triompha[3].

L'article 512, il est vrai, paraît considérer comme non dotaux tous les biens échus à la femme par succession, sans distinguer entre les successions directes et collatérales. Mais il avait paru légitime de considérer comme dotaux les biens échus par succession en ligne directe, parce que les biens des ascendants doivent normalement parvenir à leurs enfants.

1. Godefroy, *Commentaires*, 2, p. 513.
2. Basnage, *Traité des hypothèques*, chap. VIII.
3. Flaust, *Commentaires*, 1, p. 182.

Cette solution fut consacrée par deux arrêts des 21 mai 1661 et 13 février 1666 [1], et par l'arrêt du 10 mars 1690.

C'était aussi la solution admise par les arrêts plus récents. (26 juin 1822, Pilon.)

Il fallait assimiler aux immeubles échus par succession en ligne directe ceux qui avaient été admis en remplacement des meubles acquis de la même façon à la femme.

L'art. 390 faisait au mari l'obligation d'en employer la moitié en héritages ou rentes. Or, la femme ne pouvait pas forcer le mari à faire ce remploi : il était légitime de lui accorder une hypothèque à dater du contrat de mariage, comme pour les autres biens dotaux.

Vainement, on objectait que cette solution était dangereuse pour les créanciers du mari : cette critique s'adressait à la coutume elle-même; car, du moment que l'on admettait que les immeubles échus par succession directe étaient dotaux, il fallait donner la même solution pour les meubles que le mari était tenu de remplacer.

Cette opinion, qui paraissait d'abord avoir été repoussée par un arrêt de la Grand'Chambre du 22 août 1681 [2], fut enfin consacrée par un

---

1. Arrêt de Prébois et d'Émendreville, rapporté par BASNAGE, *Traité des hypothèques*, chap. XIII, et 10 mars 1690, *Commentaires*, 2, p. 109.

2. BASNAGE, *Commentaires*, II, p. 414, 415, arrêt Hubert.

arrêt du 24 juillet 1765. Tous les commentateurs l'avaient admise [1].

Cette distinction faite, nous pouvons maintenant rechercher le *rang de l'hypothèque* de la femme.

II. — *Biens dotaux*

En ce qui concerne l'aliénation des *immeubles dotaux*, l'hypothèque datait « du jour du contrat de mariage et célébration d'icelui, » aux termes de l'article 539.

Ce texte donnait lieu à une difficulté.

Quelle était exactement la date de l'hypothèque, le jour du contrat de mariage ou le jour de la célébration du mariage ?

On distinguait selon qu'il y avait ou non un contrat de mariage.

S'il en avait été rédigé un, l'hypothèque prenait rang à partir de la date du contrat.

Ce n'était que dans le cas où les époux s'étaient mariés sans contrat que l'hypothèque prenait rang à dater du mariage [2].

---

1. BASNAGE, *Commentaires*, II, p. 415. — FLAUST, *Commentaires*, I, p. 479. — PESNELLE, *Commentaires*, II, p. 714.

2. BÉRAULT, *Commentaires*, 2, 557. — GODEFROY, *Commentaires*, 2, 259.

Un règlement du 16 mars 1600 avait décidé que les contrats de mariage sous seing privé ne porteraient d'hypothèque que du jour de leur reconnaissance devant notaire. La portée de ce règlement avait été très discutée [2].

Il était important d'en déterminer exactement le sens, la majorité des contrats de mariage étant passés sous signatures privées. Devait on dire que le règlement de 1600 avait abrogé l'article 539 ?

On fit une distinction.

La femme demandait-elle la restitution de ses deniers dotaux reçus par son mari, on appliquait le règlement de 1600. En conséquence, l'hypothèque de la femme prenait rang à dater du contrat de mariage, s'il était authentique, ou à partir de sa reconnaissance devant notaire s'il était sous seing privé.

Si la femme demandait la récompense à raison de ses propres aliénés, l'hypothèque datait du jour du contrat de mariage, qu'il fût ou non authentique, ou du jour de la célébration du mariage s'il n'avait pas été dressé de contrat.

Cette distinction était conforme au but poursuivi par les auteurs du règlement de 1600. Ils avaient voulu empêcher la fraude suivante : un

1. GODEFROY, *Commentaires*, 2. p. 50.

mari chargé de dettes pourrait supposer un contrat de mariage par lequel il reconnaîtrait avoir reçu une dot importante. La femme aurait ainsi exercé son hypothèque, à raison de cette dot fictive, à dater du contrat de mariage, et tous les créanciers postérieurs à ce contrat auraient été primés par elle. Un danger de cette nature n'était pas à craindre, l'hypothèque garantissant l'indemnité due en raison de l'aliénation des propres. On ne pouvait pas feindre une aliénation, le contrat de vente étant passé devant notaire. Il est vrai que cela ne justifiait pas complètement le rang de cette hypothèque, qu'on faisait rétroagir au contrat de mariage. Il semble que la femme aurait été suffisamment protégée par une hypothèque datant du jour de l'aliénation. Nous verrons que c'était le sentiment de certains commentateurs, qui considéraient la rétroactivité comme dangereuse.

Les explications dans lesquelles nous venons d'entrer permettent de poser la question que posait Bérault, et à laquelle il ne fournissait qu'une explication insuffisante : « Si, entre le contrat de mariage et la célébration d'iceluy, disait-il[1], le mary oblige ses biens à un tiers,

---

1. BÉRAULT, *Commentaires*, 2, 557.

sçavoir lequel devra être préféré de luy ou de la femme » : « il y a apparence de dire que la femme préférera », répondait-il.

La réponse n'est pas aussi simple.

Il fallait savoir quelle action la femme exerçait.

Si c'était une action en restitution de deniers dotaux, l'hypothèque datait du jour du contrat de mariage, s'il était authentique, ou seulement du jour de la reconnaissance s'il était sous seing privé, et la reconnaissance pouvait intervenir au cours du mariage.

Si c'était une action en indemnité du chef de ses biens dotaux aliénés, l'hypothèque datait du jour du contrat de mariage, qu'il fût authentique ou sous seing privé. On ne se préoccupait jamais de la date de la célébration du mariage lorsqu'il avait été rédigé un contrat de mariage.

La disposition de l'article 539, édictant la rétroactivité de l'hypothèque au jour du mariage, était critiquable, surtout avec l'extension qu'on avait donnée à la définition des biens dotaux[2].

On essayait bien de la justifier en faisant remarquer que la femme n'avait consenti à

1. BASNAGE. *Commentaires*, 2, 408.
2. FLAUST, *Commentaires*, 1, 450.

l'aliénation qu'en considération de l'autorité maritale, et qu'il était raisonnable de lui donner hypothèque du jour où cette autorité a pris naissance. Mais, si cette justification avait été satisfaisante, elle aurait dû aboutir à l'abrogation de l'art. 542, qui, nous l'avons déjà dit, ne donne l'hypothèque à la femme que du jour de l'aliénation.

Le danger consistait en ce qu'un mari, après avoir engagé ses biens à ses créanciers, ou même après les avoir vendus, pouvait, de concert avec sa femme, aliéner les biens dotaux de celle-ci. De ce chef, la femme acquérait une hypothèque sur les biens du mari, qu'elle pouvait exercer au détriment de tous les créanciers postérieurs à son contrat de mariage, et même contre les tiers acquéreurs. Ce danger était bien plus grand encore dans certaines coutumes voisines, comme la coutume de Paris (art. 232), qui faisait dater l'hypothèque de la femme du jour du contrat pour tous les biens, et non pas seulement pour les biens apportés en dot par la femme ou à elle échus par succession en ligne directe pendant le mariage.

Avec un pareil système, il était impossible de traiter, avec quelque sûreté, avec un homme marié. Il pouvait toujours détruire les garanties promises en aliénant un immeuble de la femme de concert avec elle.

Sur l'initiative de d'Argentré, les réformateurs de la coutume de Bretagne ajoutèrent à l'article 139 une disposition en vertu de laquelle la femme n'avait d'hypothèque sur les biens du mari, pour l'aliénation de ses propres, que du jour de cette aliénation.

Cette disposition si juste fut cependant critiquée par certains commentateurs [1], sous prétexte qu'elle pouvait aboutir à la priver de son bien aliéné, si le mari était insolvable au moment de l'aliénation, la femme n'ayant pas, en Bretagne, de recours subsidiaire contre le tiers acquéreur.

Mais il est facile de répondre, avec Basnage, « que les femmes s'engagent volontairement dans l'assurance qu'elles ont de n'y rien perdre, et que d'ailleurs, sans courir aucuns risques, elles trouvent moyen de continuer leurs dépenses, ce qu'elles ne feraient si aisément si leur consentement leur était préjudiciable. »

III. — *Biens non dotaux*

L'art. 512 de la coutume de Normandie était conforme à ce principe, en ce qui concernait

1. ROUSSEL, *Commentaires*, 2, 713.

l'aliénation des *immeubles non dotaux* de la femme. La femme n'avait jamais d'hypothèque que du jour de l'aliénation: c'était diminuer d'autant la possibilité de la fraude.

Il n'y avait à cela aucun danger pour la femme, puisqu'elle avait un recours subsidiaire contre les tiers acquéreurs; mais cette considération militait encore en faveur de la généralisation de la règle posée par l'art. 542.

En ne donnant d'hypothèque à la femme que du jour de l'aliénation, on sauvait du recours de la femme les tiers acquéreurs des immeubles du mari qui avait traité avant l'aliénation des biens de la femme. Or, comme le faisait remarquer Basnage [1], les acquéreurs des biens du mari étaient beaucoup plus favorables que ceux qui acquéraient les biens de la femme. Ceux-ci, en effet, savaient qu'ils s'exposaient à un recours subsidiaire de la femme en cas d'insolvabilité du mari, au lieu que « les acquéreurs des biens du mari n'étaient dépossédés que par fraude, ou en vertu de contrats postérieurs à leur acquisition ».

La femme domiciliée hors de la coutume de Normandie, qui pouvait s'obliger avec son mari

---

1 BASNAGE, *Commentaires*, 2, 410.

et pour lui, avait une hypothèque sur les biens de celui-ci. Si ces biens étaient situés en Normandie, l'hypothèque ne prenait pas rang du jour du contrat de mariage, alors même que cette rétroactivité aurait été stipulée. On appliquait à l'action en indemnité la disposition de l'article 542. L'hypothèque qui la garantissait ne prenait donc rang que du jour où la femme s'obligeait. La créance d'indemnité ne pouvait pas être considérée comme un bien dotal aux termes de l'article 539; on considérait les dispositions des articles 539 et 542 comme des statuts réels [1].

B. — Subrogation des créanciers ou des tiers acquéreurs des biens du mari sur les droits de la femme

Les créanciers ou les tiers acquéreurs au préjudice de qui la femme exerçait son hypothèque, étaient subrogés dans ses droits et actions contre les tiers acquéreurs de ses biens, si cette aliénation était postérieure à celle que le mari avait consentie de ses propres biens.

On avait bien prétendu écarter cette subrogation, en se fondant sur ce que le recours subsidiaire n'était permis que faute par la femme de trouver un remploi suffisant sur les biens de

---

1. BASNAGE, *Commentaires*, 2, 416.

son mari. Mais l'équité l'avait emporté [1]. Du moment où la femme était désintéressée, il ne fallait pas que le mari pût porter préjudice à des droits valablement acquis.

Cette subrogation ne se produisait pas contre le débiteur d'une rente qui s'était libéré entre les mains du mari et de la femme conjointement ; on n'assimilait pas à cet égard l'amortissement des rentes et l'aliénation des biens.

L'art. 76 du règlement de 1666 voulut que le débiteur d'une rente pût toujours s'en affranchir valablement, sans crainte d'être poursuivi ni inquiété par ses créanciers, ni même par le donataire de la femme.

Dès lors, il était naturel d'admettre que le débiteur d'une rente de la femme pût valablement s'acquitter, sans avoir à craindre le recours des créanciers du mari ou des acquéreurs de ses biens, inquiétés par la femme demandant à se faire payer sa récompense.

La femme pouvait sans doute se retourner subsidiairement contre le débiteur de la rente ; mais c'était un privilège personnel, dans lequel les créanciers du mari ne pouvaient pas être subrogés [2].

1. Arrêt de la Grand'Chambre, 30 juillet 1669, BASNAGE, Commentaires, 2. 410.
2. FLAUST, Commentaires, 1. 447.

Un arrêt du 13 mars 1692 [1] avait bien décidé que les créanciers du mari antérieurs à l'amortissement, seraient préférés aux débiteurs de la rente sur les biens du mari. Mais il se fonde sur ce que l'amortissement était nul, ayant été fait entre les mains du mari seul.

Cette subrogation était particulièrement utile lorsque les époux étaient domiciliés hors la coutume de Normandie, les tiers acquéreurs des biens du mari et ses créanciers ayant à redouter, non seulement les aliénations consenties par la femme de concert avec le mari, mais même les obligations auxquelles elle pouvait s'engager pour lui et avec lui. En les subrogeant contre les tiers acquéreurs du mari qui avaient traité après eux la femme était indemnisée et l'ordre des hypothèques fidélement gardé.

II.

DROIT D'ENVOI EN POSSESSION DES BIENS DU MARI

Aux termes de l'art. 121 des Placités, « la femme ou ses héritiers peuvent demander que

1. BASNAGE, *Commentaires*, 2, 41.

partie des héritages affectés à son dot non aliéné leur soit baillée à due estimation pour le paiement dudit dot, sans qu'il soit obligé de la faire saisir et adjuger par décret, si mieux n'aiment les héritiers ou créanciers du mari lui payer le prix dudit dot. »

Quelle est la *nature de ce droit* d'envoi en possession ?

Ce droit accordé à la femme normande par l'article 124 des Placités de demander, pour la remplir de sa dot, la délivrance jusqu'à la due estimation des biens du mari, n'est pas un droit de copropriété, mais un mode de paiement de la créance dotale.

« Cet envoi en possession, dit un arrêt du 10 mai 1821[1], leur est accordé, non comme copropriétaires ou comme ayant un droit réel, *jus in re*, dans les immeubles du mari, mais en qualité de créancières, et pour éviter les frais d'expropriation qui pourraient épuiser une partie des biens sujets à leur hypothèque ; que, si les femmes étaient copropriétaires, si elles avaient le *jus in re* du jour du mariage, l'envoi en possession pourrait frapper sur les biens aliénés comme sur les biens non aliénés, faculté qu'elles

____

1. *Journal des Arrêts*, 1828. 2, 183.

ne peuvent exercer sur les biens aliénés, et que leur refuse l'article 121. »

Ce droit d'envoi en possession reconnu aux femmes normandes par l'article 121 des Placités n'a pas été atteint par la loi du 17 nivôse an II. (Arrêt du 8 fév. 1810[1].)

Il n'a pas été atteint non plus, soit par la loi du 17 brumaire an VII[2] (14 fév. 1821, Provost; 18 août 1825, femme Lebaudy), soit par le Code civil (27 octobre 1829)[3] (2 juin 1835)[4]; car ce droit, ayant été irrévocablement acquis le jour du mariage, ne pouvait se perdre en vertu de lois postérieures à son adjudication.

Le droit d'envoi en possession était indistinctement reconnu à la femme pour ses biens non dotaux comme pour ses biens dotaux.

Mais il fallait toutefois que ces droits réclamés par la femme soient liquides et certains, de façon que les héritiers ou créanciers du mari pussent agir en connaissance de cause et payer le montant des créances de la femme, si cela leur semblait préférable. (24 février 1823, Dargouges[5].)

---

1. 8 février 1810, *Rec. pér.* 1810, 471, V° Salles.
2. 2 juin 1835, FOUETTIER. *Rec. pér.* 2, 392.
3. 14 fév. 1821, PROVOST, *Dictionnaire de jurisprudence*, F N., n° 177, p. 447. — 18 août 1825, femme Lebaudy.
4. 27 octobre 1829, DURAND, *Journal des Arrêts*, 11, 399.
5. Art du 24 fév. 1823, DARGOUGES, *Dictionnaire de jurisprudence*, F. N., n° 180, p. 148.

Il est à noter que le droit reconnu à la femme de prendre des biens du mari pour sa récompense, se fixait à la dissolution du mariage ; à partir de ce moment, l'exercice de ce droit ne pouvait être contrarié par aucune aliénation[1].

Et si, depuis la dissolution du mariage, depuis le décès de la mère, il est échu des valeurs, ou il a été payé des deniers dotaux aux enfants, et que ces valeurs ou deniers aient été touchés par le père, les enfants, représentant leur mère, n'ont pas le choix et ne peuvent opter pour l'envoi en possession. (14 août 1828, vᵉ Lampérière[2].)

Ce droit ne s'exerçait que sur les biens existants du mari, les acquéreurs du mari ne pouvant être dépossédés que par la voie hypothécaire[3].

Un arrêt du 9 mai 1808 décide aussi que les tiers acquéreurs ne peuvent être inquiétés à ce sujet. Il en était ainsi, même si l'immeuble à saisir était de valeur infime, et si les frais du décret devaient en absorber le prix.

Il fallait même que ces biens soient hypothé-

1. ROUPNEL, *Commentaires*, 2, p. 713.
2. 14 août 1828, Vᵉ LAMPÉRIÈRE, *Dictionnaire de jurisprudence*, t. N., nº 191, p. 148.
3. BASNAGE, *Commentaires*, 2, 106.

cairement affectés au paiement des reprises de la femme.

La femme n'aurait pas pu, par exemple, pour le remploi de sa dot mobilière, exiger délivrance des meubles de la succession. Les héritiers et créanciers du mari auraient eu le droit de les faire vendre pour lui en donner le prix. (2 juin 1812, 15 juillet 1817 [1].)

La femme, d'après la loi du 11 brumaire an VII, interdisant l'hypothèque des rentes, n'aurait pas pu non plus demander l'envoi en possession de celle de son mari [2].

De même encore, étant insusceptible d'hypothèque, l'indemnité accordée aux émigrés par la loi du 25 avril 1825, ne pouvait être affectée aux reprises de le femme (même arrêt).

Si la femme avait laissé s'accomplir seulement l'adjudication préparatoire des biens du mari sans demander l'envoi en possession, le pouvait-elle ensuite ?

Nous avons trouvé, sur cette question, deux

1. 2 juin 1812, CHENON. 15 juillet 1817, JACQUES, *Dictionnaire de jurisprudence*, v. x., n° 182, p. 147.
2. 24 mai 1830, DELACOUR. *Journal des Arrêts*, 13, 273.

arrêts en sens contraire, l'un du 31 août 1825 [1] qui lui refuse ce droit ; l'autre du 28 avril 1840 [2] qui le lui conserve.

Nous croyons cette seconde opinion préférable, parce que l'adjudication préparatoire n'est point une aliénation, mais seulement un acte de procédure nécessaire pour arriver à la vente, et elle ne dépouille pas le saisi de la propriété de ses biens.

Ce droit d'opter pour les biens du mari était d'ailleurs une simple faculté pour la femme, qui pouvait, si elle le préférait, décréter les biens du mari et exiger le paiement de sa récompense en argent. On ne pouvait pas, sous prétexte de faveur faite à la femme, l'obliger à prendre un bien qui ne lui plaisait pas. Le mari avait touché l'argent du fonds de sa femme ; il devait de l'argent.

Vainement, on alléguait les frais qu'allait occasionner la saisie, et qu'on pouvait éviter. Si une perte devait être subie, il était naturel qu'elle le fût par le mari plutôt que par la femme ; c'est ce que décida un arrêt de la Grand'Chambre en date du 5 mars 1677 [3].

[1] août 1825, DOUESNEL, *Dictionnaire de jurisprudence*, v. s n° 189, p. 118.

2. 28 avril 1810, DELAUNAY, *Rec. pér.* 4, 157.

3. BASSAGE. *Commentaires*, 2, 406, arrêt de Semilly.

Cet arrêt, en permettant à la femme de décréter, autorisa le tiers acquéreur à rendre son bien à la femme, et lui donna la faculté de se mettre en possession des biens du mari, jusqu'à concurrence de ce qui lui était dû.

C'était une faculté dont le tiers acquéreur devait user, lorsqu'il craignait que le décret des biens du mari ne fût la source de grands frais absorbant l'avoir du mari et l'exposant à un recours subsidiaire de la femme, si les biens du mari étaient insuffisants pour le désintéresser complétement [1].

Si la femme normande achète des héritiers de son mari les immeubles de celui-ci et leur en paye le prix, elle est censée renoncer à se prévaloir par la suite des dispositions de l'art. 121 des Placités, et elle ne peut plus demander l'envoi en possession des biens de son mari. (18 décembre 1811 [2].)

Depuis la loi de brumaire an VII, si la femme n'avait pas requis inscription dans les délais, son droit d'envoi en possession était perdu. (1er juin 1809 [3].)

1. FLAUST, *Commentaires*, 1, 488.
2. 18 décembre 1811, *Rec. pér.* 1812, 30.
3. Juin 1809, LE REBOURG, *Diction. de jurisprudence*, v. N. nº 185, p. 418.

Une femme normande a obtenu l'envoi en possession des biens de son mari suivant l'art. 121 des Placités. Elle n'a pas purgé les biens à elle cédés, conformément aux dispositions de l'article 2181 et suivants du Code civil (transcription et autres formalités): les créanciers de son mari peuvent-ils la poursuivre en expropriation de ses biens?

Ou le mari seul a fait à la femme cession de tels ou tels biens pour la remplir de ses droits : alors les créanciers du mari peuvent poursuivre la femme en expropriation ; ces biens ne sont pas purgés et restent soumis à l'hypothèque des créanciers du mari;

Ou l'envoi en possession a été prononcé par justice, les créanciers dûment appelés : les créanciers ne peuvent alors poursuivre la femme en expropriation; l'envoi en possession a purgé les biens de toute hypothèque. (Arrêt du 11 août 1835 [1].)

L'envoi en possession de l'art. 121 des Placités purge les hypothèques non inscrites sans qu'il soit besoin de transcription, et lors même que cet envoi en possession n'aurait eu lieu que depuis la loi du 11 brumaire an VII (19 mars 1840 [2]).

1. 11 août 1835, *Rec. pér.* 1848. 313.
2. 19 mars 1840, *Rec. pér.* 1840, 70.

On avait discuté la question de savoir si la femme pouvait exercer la faculté qui lui était reconnue par l'art. 121, malgré la présence des créanciers du mari ayant une hypothèque antérieure à celle de la femme. On avait proposé de l'y autoriser, mais à la condition pour elle de leur donner caution, de les faire colloquer sur le surplus des autres héritages.

Basnage prétendit que l'on ne pouvait admettre cette solution, parce qu'elle aurait été la source de nombreuses contestations sur la solvabilité des cautions. Il permettait seulement à la femme d'opérer la distraction, à la condition de payer les créanciers antérieurs. Elle pouvait procéder ainsi même après le décret des biens du mari.

C'est ce qui fut jugé par un arrêt de la Grand' Chambre, en date du 19 janvier 1674 [1].

Si la femme se décidait à payer les créanciers antérieurs, elle était subrogée dans leurs droits. Elle était donc créancière de son mari, à ce double point de vue, à raison de sa dot, pour le montant des créances pour lesquelles elle s'était engagée.

Elle pouvait bénéficier de l'art. 121 pour le paiement de sa dot.

1. BASNAGE, *Commentaires*, 2, p. 406.

Avait-elle la même faculté pour le paiement des créances ?

La question fut discutée devant le Parlement de Paris.

La dame de Mailloc, ayant désintéressé les créanciers antérieurs de son mari, prétendait distraire de la succession de celui-ci des biens et valeurs suffisants pour la couvrir de sa dot, et des déboursés effectués pour payer les créanciers du mari qui avaient une hypothèque préférable à la sienne. La 4ᵐᵉ Chambre des enquêtes du Parlement de Paris voulut, avant de statuer, s'entourer de tous les éclaircissements nécessaires. Aussi rendit-elle un arrêt interlocutoire, ordonnant « qu'avant faire droit, les parties se retireraient par devers MM. les Gens du Roy du Parlement de Rouen, pour en avoir acte de notoriété concernant l'usage de la province ». L'acte de notoriété fut conforme aux prétentions de la demanderesse.

Vainement, les adversaires produisirent une consultation de trois avocats du Parlement de Normandie, qui alléguait que l'arrêt de 1674 autorisait la femme à désintéresser les créanciers antérieurs pour distraire en nature les biens du mari, ne lui permettant d'opérer cette distraction que jusqu'à concurrence de sa dot, d'autant plus que l'exécution de ce privilège exorbitant nuisait à la fois aux héritiers du mari, aux créanciers postérieurs, au seigneur et aux lignagers.

Les héritiers du mari ne pouvaient être dépossédés des biens qui ne dépendaient pas de la dot que par une saisie réelle.

Les créanciers postérieurs étaient privés du droit d'enchérir à leur profit particulier, conformément aux art. 582 et suivants de la coutume.

Les lignagers ne pouvaient plus exercer le retrait.

Le seigneur était privé à la fois du retrait féodal et du treizième.

Malgré ces raisons, le Parlement de Paris fit droit aux prétentions de la demanderesse. (Arrêt du 23 juillet 1736 [1].)

S'il se trouve des créanciers d'une rente dont le titre est antérieur à l'hypothèque de ses reprises dotales, la femme n'est pas tenue de leur payer les arrérages échus et inscrits depuis l'envoi en possession.

« Considérant que l'envoi en possession autorisé par l'art. 121 des Placités, dit un arrêt du 19 mars 1810 [2], a pour effet d'anéantir sur

1. ROUPNEL, *Commentaires*, 2, 716.
2. 19 mars 1810. *Rec. pér.* 1810, 70.

les biens qui en sont l'objet les hypothèques
postérieures à celles des reprises dotales ; qu'il
constitue une sorte de collocation en nature,
faisant entrer dans les mains de la femme des
biens libres de toutes charges, qui, en cas de
collocation par suite d'une vente ordinaire, ne
seraient pas venus en ordre utile ; qu'autrement,
le but de l'article 121 serait manqué, et que le
privilège qu'il confère à la femme deviendrait
au moins en grande partie illusoire, et pour que
l'envoi en possession produise cet effet, la
femme n'a pas même besoin de faire transcrire
le jugement l'envoyant en possession des biens
de son mari. »

Quand un créancier a déjà fait les premiers
frais d'expropriation, et que la femme exerce
ensuite son droit d'envoi en possession, par qui
seront supportés ces premiers frais ?

Ce ne sera pas par la femme, car le but justement
de l'envoi en possession est d'éviter à la
femme les frais onéreux du décret ; ce sera par
le créancier. (14 décembre 1832 [1].)

Il n'est pas permis toutefois, ajoute l'arrêt,
« à la femme d'abuser des avantages de sa
position, en affectant de laisser sciemment se

---

1. 14 décembre 1832. HEUDIARD, *Dictionnaire de jurisprudence*.
V. N. nº 187, p. 448.

dérouler la poursuite en expropriation, pour venir par une intervention tardive enlever, en poursuivant, le gage du débours qu'il a fait. Quand elle agit ainsi, il y a de sa part une faute occasionnant un préjudice, à la réparation duquel elle ou ses représentants peuvent être condamnés, aux termes de l'art. 1382 du Code civil. »

Une femme a été envoyée en possession d'immeubles de son mari en paiement de reprises frauduleusement exagérées : cet envoi en possession est-il nul ?

Les arrêts du 15 décembre 1835 et 15 mars 1836 [1] se prononcent dans le sens de la négative. Il convient simplement de faire réduire l'estimation des reprises.

De même que la femme pouvait renoncer à la voie de la saisie pour demander la distraction des biens du mari, elle pouvait renoncer à la distraction pour procéder par voie de saisie, à la charge de payer les dépens qu'elle avait occasionnés.

La licitation devait même être ordonnée par le Tribunal, au moins depuis la promulgation

____
1. *Rec. pér.* II. 511.

du Code civil (art. 1686), lorsque les reprises matrimoniales de la femme, au recouvrement desquelles est attaché un droit d'envoi en possession contre les biens du mari, ne doivent absorber qu'une partie de ces biens dont l'impartageabilité est reconnue. (12 février 1849 [1].)

Toutefois, les créanciers peuvent empêcher l'envoi en possession réclamé par la femme en lui payant ce qui lui est dû. (14 janv. 1837 [2].)

1. *Rec. pér.* 1849, 326.
2. 14 janvier 1837, THIBOULT HOUDELIERRE, *Rec. pér.* 1. 192.

CHAPITRE VII

RECOURS DE LA FEMME CONTRE LES TIERS DÉTENTEURS [1]

Lorsque le mari n'avait pas fait remploi du bien de la femme, et qu'il ne pouvait en fournir la récompense, la femme avait un recours subsidiaire contre le tiers détenteur.

C'est ce que décidaient les art. 540 et 542 de la coutume.

Art. 540. — « Et où la femme ne pourrait avoir la récompense sur les biens de son mari, elle peut subsidiairement s'adresser contre les détenteurs dudit dot, lesquels ont option de la lui laisser, ou lui payer le juste prix à l'estimation de ce qu'il pouvait valoir lors du décès de son mari. »

1. Nous avons vu que les époux peuvent aujourd'hui, dans leur contrat de mariage, insérer la clause par laquelle les immeubles dotaux (du régime dotal) sont aliénables à charge de remploi. Cette clause de remploi est alors opposable à l'acquéreur du fonds dotal, qui est responsable, sous peine d'éviction, de la validité du remploi; car ce remploi est nécessaire à la validité de la vente. Mais, au cas d'éviction, l'acquéreur aura son recours tel que de droit contre le mari (Cass. 3 décembre 1883, D. 90. 1, 71).

L'art. 512, après avoir accordé à la femme une hypothèque prenant rang du jour de l'aliénation, lorsqu'un fonds non dotal est aliéné, ajoute : «... et où le mari serait non solvable, la femme peut recourir subsidiairement contre les détenteurs desdits biens, lesquels en seront quittes en payant le juste prix d'iceux, eu égard à ce qu'ils valaient lors du contrat ! »

Il résulte de ces dispositions que, si la coutume de Normandie admettait la validité de l'aliénation des biens de la femme du consentement des deux époux, c'était à condition qu'elle en trouvât toujours la valeur.

Le recours appartient à la femme et à ses héritiers, même purs et simples, sans que l'on puisse exciper contre eux de l'exception de garantie. (Arrêt du 2 juillet 1841 [1].)

Et la femme peut exercer ce recours subsidiaire à propos de tous les immeubles ; elle le pourrait en particulier à propos d'immeubles échus par succession collatérale, depuis le Code civil (arrêt du 8 juillet 1824) [2], parce que le statut normand embrasse tous les immeubles des

1. *Rec. pér.* 1841, p. 287.
2. *Recueil des arrêts* 1824, 1, 95.

femmes situés en Normandie, « quelle que soit leur origine, dit cet arrêt, sans autre distinction relative à l'hypothèque et à l'époque où leur estimation doit être faite au cas de recours subsidiaire ».

Il arrivait souvent que, dans les contrats d'aliénation des biens de la femme, figurât une clause par laquelle elle reconnaissait « que les biens de son mari étaient plus que suffisants pour porter le remplacement du prix de la vente, et qu'elle en acceptait le remplacement sur les biens de son mari ». Cette déclaration ne sauvait pas les acquéreurs du recours de la femme ; elle n'avait aucun effet [1].

Bien plus même, depuis le Code civil, si la femme normande a garanti, solidairement avec son mari, l'aliénation par elle faite de ses immeubles, ses héritiers purs et simples peuvent quand même intenter l'action en recours contre les détenteurs de ces immeubles (arrêt du 26 juin 1846) [2] ; car, dit l'arrêt, « depuis le Code civil comme auparavant, toute garantie par elle stipulée, simple ou solidaire, dans laquelle on peut voir une renonciation directe ou indirecte à son action en recours subsidiaire contre les acquéreurs de ses biens, non seulement ne met

1. FLAUST, *Commentaires*, 1, 490.
2. *Rec. pér.* 1846, 379.

pas obstacle à l'exercice de ce recours, mais n'engendre contre elle aucune obligation qui puisse s'exécuter, soit sur les biens libres qui lui seraient survenus, soit contre ses héritiers, « et cela », parce que la conservation des biens de la femme, non pas en nature comme sous le Code civil, mais en valeurs, était regardée comme intéressant l'ordre public, à tel point qu'il était défendu d'en soustraire aucune partie, soit par le contrat de mariage, soit depuis, à l'empire des art. 540 et 512 de la Coutume, sauf les cas de l'art. 511 ; toute stipulation qui aurait pu directement ou indirectement paralyser l'action de la femme ou de ses héritiers pour la recouvrer, était par cela seul frappée de nullité ».

Nous devons rechercher successivement :

1° La nature du recours ;

2° A quelles conditions était soumis l'exercice sur le recours ;

3° Quel était exactement son objet ;

4° A partir de quel moment le tiers acquéreur devait la restitution des fruits ;

5° La prescription de l'action en recours.

SECTION PREMIÈRE

Nature du recours

Tout d'abord, cette action en recours contre l'acquéreur était une action purement mobilière ; car elle « avait pour objet direct une somme d'argent, et ce n'était qu'indirectement et à défaut de paiement qu'elle pouvait atteindre les immeubles. (Arrêt du 2 juin 1838 [1].)

De plus, ce n'était plus une action en nullité ou rescision, et, par conséquent, elle n'en avait pas les caractères.

« Les art. 539 et 540 de la coutume, dit un arrêt du 28 novembre 1831 [2], en soumettant le mari et, subsidiairement, l'acquéreur à la garantie envers la femme du recouvrement du juste prix de son immeuble aliéné, à peine par ce dernier d'être dépossédé, ont établi une véritable condition résolutoire, condition réputée tacitement écrite dans tous les contrats d'aliénation de biens dotaux, suivant la maxime reçue dans l'ancien droit, aussi bien que reproduite dans le droit

1. *Rec. pér*. 1838, 206.
2. *R. p*. 1837. 561.

nouveau par l'art. 1135 du Code civil, d'après lequel les conventions obligent, non seulement à ce qui y est exprimé, mais encore à toutes les suites que l'équité d'usage ou la loi donnent à l'obligation d'après sa nature. »

Or, c'est à faire admettre cette condition résolutoire que tend l'action en recours subsidiaire intentée par la femme.

Or, « à aucune époque, l'exercice de la condition résolutoire n'a été traité comme une action en nullité ou rescision. »

Telle est donc bien la nature du recours subsidiaire, action mobilière tendant à l'exercice d'une action résolutoire .

Voyons maintenant les conditions d'exercice du recours.

SECTION II

Conditions du recours

Le recours donné à la femme n'étant que subsidiaire, elle devait donc, avant de poursuivre le tiers détenteur, discuter les biens de son mari.

Si elle négligeait de procéder ainsi, le tiers poursuivi pouvait le repousser par une exception de discussion.

Cette exception devait être présentée avant toute défense au fond. (Arrêt du 23 janvier 1850[1].)

A cet effet, le tiers devait indiquer à la femme les héritages à discuter ; mais, s'il lui avait fait des offres réelles de la valeur des biens réclamés, il n'était plus recevable, sur la poursuite de la femme ou de ses héritiers, à demander la discussion des biens du mari.

La discussion se faisait aux risques et périls de l'acquéreur, et, au cas où ce dernier voulait faire discuter les biens du mari, il devait au préalable avancer les frais de discussion ; car, dit un arrêt du 2 août 1826,[2] « il ne serait pas juste d'assujettir la femme à faire l'avance des frais de cette discussion ».

La discussion était-elle nécessaire, même si le mari était d'une insolvabilité notoire ? Il semble que cette obligation imposée à la femme était sans intérêt, d'autant plus que le tiers détenteur était obligé, pour écarter l'action de la femme, de lui indiquer les héritages du mari à discuter : cette condition ne pouvait être réalisée si le mari n'avait rien.

A s'en tenir à un arrêt rapporté par Basnage,

1. *Rec. pér.* 1850, 182. Après une longue affaire et de nombreuses décisions de la Cour de Caen.

2. *Journal des Arrêts* 1828, 1, 51.

il semble que la discussion ait été regardée
comme nécessaire, même dans cette hypothèse.
(Arrêt du 13 mars 1681 [1].)

Mais l'opinion contraire triompha, et Roupnel
dit formellement que, « quand la succession
du mari est notoirement insolvable, la femme
doit être déchargée de la discussion » [2].

Nous avons aussi trouvé, dans le même sens,
un arrêt du 26 novembre 1831 [3] qui dit qu'agir
autrement, « ce serait jeter les parties dans un
errement onéreux pour elles, sans aucun espoir
de résultat profitable ».

Un arrêt du 25 mars 1828 [4] a même jugé que
les acquéreurs des biens dotaux d'une femme
normande qui voulaient la forcer à discuter les
biens de son mari, devaient lui indiquer à cet
effet des biens présentant des garanties certaines
de succès : « La femme, dit-il, ne peut être
forcée de recourir au préalable sur les droits
litigieux du mari, et peut se prévaloir de l'article 2023 du Code civil, parce que cet article
renferme l'expression des règles qui ont toujours été suivies en cette matière. »

Les tiers acquéreurs ne pouvaient pas forcer

1. Basnage, *Commentaires*, 2, 412.
2. Roupnel, *Commentaires*, 2, 719.
3. *Rec. pér.* 1837, 561.
4. *Journal des Arrêts*, 1828, 2, 62.

la femme à discuter les biens du mari, s'ils étaient situés hors de la province. C'est ce qui fut jugé par deux arrêts du 23 janvier 1616 et 20 mars 1618, rapportés par Bérault, sous l'article 510 [1], et Godefroy ajoute que les tiers qui exerçaient l'action en reprise de la femme jouissaient du même privilège.

L'action était exercée normalement au décès du mari ; aucune prescription ne courait contre la femme durant le mariage.

L'action pouvait aussi être exercée par la femme séparée de biens, même du vivant de son mari. Mais en pareil cas, le tiers acquéreur devait s'assurer que le mari en faisait un remploi suffisant, faute de quoi il se serait exposé à payer une troisième fois.

La femme séparée, qui ne pouvait aliéner, ne pouvait non plus recevoir la récompense de sa dot aliénée qu'à charge de remploi. On pouvait argumenter de ce qu'il était prescrit de faire emploi des rentes appartenant à la femme, conformément aux termes de l'édit de François Ier, rapporté par Terrien [2]. C'est ce qui fut jugé par un arrêt du 5 août 1645 [3].

---

1. BÉRAULT, *Commentaires*, 2, 559.
2. TERRIEN, *Commentaires*, livre IV, chap. 29, *Des rachats de rentes*.
3. BASNAGE, *Commentaires*, **2**, 411.

C'était une question beaucoup plus délicate de savoir si l'action pouvait être intentée avant toute séparation, le mariage durant encore, pour cause de pressante nécessité, comme si, par exemple, la femme avait des enfants d'un premier mariage ou des père et mère dans la misère.

Godefroy, qui se pose la question, répond affirmativement : « Il n'y a, dit-il, de règle si générale qui ne reçoive exception, et semble pourtant que, pour une cause si pieuse, on ne doit refuser à ladite femme la récompense de portion de ce dit dot. [1] »

Dans ce cas, d'ailleurs, comme dans les autres, le recours contre les tiers ne pouvait être que subsidiaire.

Le recours pouvait être exercé contre tout tiers détenteur. L'action qui appartenait à la femme était une action réelle, qui permettait de suivre l'immeuble, en quelques mains qu'il se trouve. Ce n'était donc pas seulement le tiers acquéreur que l'on pouvait poursuivre, mais encore tous les ayants cause.

---

1. Godefroy, 2,560.

SECTION III

Objet du recours

Quel était exactement l'objet du recours ?

Le tiers n'était pas obligé de restituer le bien en nature ; la coutume lui laissait l'option entre la restitution de l'immeuble et le paiement du prix.

Lorsqu'il prenait le premier parti, aucune difficulté ne se présentait.

Si, au contraire, il se décidait à garder l'immeuble, et à en payer la valeur, on devait se demander quelle somme il devait payer. La coutume répondait par une distinction entre le fonds dotal et le fonds non dotal.

I. — S'agissait-il du *fonds dotal*, le tiers détenteur devait en payer la valeur « à l'estimation due, qu'il pouvait valoir lors du décès du mari ».

L'estimation se faisait conformément à l'article 162 de l'ordonnance de Blois[1]. On se plaçait

1. Par l'art 162 de l'ordonnance de Blois, les parties étaient tenues « de convenir, de part et d'autre, de gens experts et connaissants, et, en faute d'en convenir, en seront nommés d'office par les juges pour estimer ce qui sera contentieux ».

à l'époque du décès du mari, parce que c'était à ce moment que normalement devait se faire la restitution. La coutume s'était prononcée formellement.

La question était moins simple lorsque l'action était intentée du vivant du mari par une femme séparée de biens.

Ou le bien avait été vendu avant la séparation : par analogie on avait décidé que l'estimation se faisait d'après la valeur du bien au jour de la séparation, parce que l'action en restitution pouvait être intentée à partir de ce jour. C'est la solution qu'avait consacrée un arrêt du 20 juin 1617[1].

Ou la femme avait aliéné ses immeubles depuis la séparation, et formait ensuite action en paiement du juste prix contre les acquéreurs : n'était plus alors l'époque de la séparation que l'on devait prendre pour base de l'estimation; ce n'était pas non plus l'époque de la vente ; l'estimation devait se faire à l'époque de l'action intentée par la femme. (Arrêt du 15 mars 1825[2].)

On donnait une solution analogue dans l'hypothèse où les biens du mari étaient confisqués par suite d'une condamnation empor-

1. BÉRAULT, *Commentaires*, II, p. 560.
2. *Journal des Arrêts*, 1825, 1. 327.

tant mort civile. L'action en restitution de la
dot s'ouvrait au moment de la condamnation ;
l'estimation se faisait d'après la valeur de l'immeuble à cette date[1].

La femme ou ses héritiers pouvaient-ils, au
lieu de demander l'estimation, se contenter du
prix porté au contrat ? Il semble que l'acquéreur n'eût pas à se plaindre de cette prétention.
Et cependant, s'il avait acheté cet immeuble à
un prix supérieur à sa valeur marchande, parce
qu'il présentait pour lui un intérêt d'affection,
par exemple, on ne pouvait lui faire payer deux
fois cet intérêt, et il devait être en droit d'exiger
une estimation.

On objectait bien que la loi n'avait introduit
cette faculté de faire estimer le fonds à son
juste prix qu'en faveur de la femme; elle pouvait donc toujours se contenter du prix porté au
contrat[2]. Le tiers acquéreur ne devait pas avoir
le droit d'invoquer une disposition qui n'avait
pas été édictée en sa faveur.

Mais on répondait très justement que la
disposition de la Coutume qui ordonnait que
l'immeuble fût estimé au décès du mari était
générale, et n'avait pas seulement pour but de

1. GODEFROY, *Commentaires*, II, 561.
2. GODEFROY, *Commentaires*, II, 560.

sauvegarder les intérêts de la femme. La Coutume avait décidé qu'une estimation serait faite à ce jour parce que c'est à ce jour qu'il retournait à la femme, et que le tiers acquéreur devait en payer le prix, s'il voulait le garder. D'autant plus qu'il serait inique de faire payer deux fois la valeur d'affection au tiers acquéreur, alors qu'une estimation à sa vraie valeur mettait la femme à l'abri de tout préjudice [1].

A l'inverse, si, à la liquidation de la succession de son mari, la femme normande a réclamé le prix porté au contrat de vente, elle ne peut ensuite actionner le tiers acquéreur pour obtenir le délaissement ou le juste prix de l'immeuble vendu (arrêt du 25 juin 1806) [2], et l'acquéreur peut obliger la femme à se contenter du prix de vente porté au contrat.

Dans tous les cas, l'appréciation du fonds dotal normand doit se faire en présence de l'acquéreur. (2 août 1826 [3].)

Lorsque l'aliénation avait consisté dans l'amortissement d'une rente dotale, il n'était pas question d'estimation.

1. BASNAGE, *Commentaires*, II, 112. — FLAUST, *Commentaires*, I, 473.
2. *Journal des Arrêts*, 1825, I, 327.
3. *Journal des Arrêts*, 1828, I, 51.

II. — L'estimation des biens *non dotaux* se faisait, non pour leur valeur au jour du décès du mari, mais d'après leur valeur au jour de l'estimation. On expliquait cette différence, tant bien que mal, en disant que le mari s'était obligé à la restitution des biens dotaux, alors qu'aucune convention de ce genre ne pouvait être supposée en ce qui concerne les autres biens [1].

SECTION IV

A partir de quel moment le tiers acquéreur devait-il les fruits de l'immeuble ou les intérêts de la valeur ?

On avait proposé de l'obliger à restituer les fruits ou à payer les intérêts à partir du décès du mari, du moins en ce qui concerne les fonds dotaux, parce que les héritiers du mari devaient les intérêts des deniers dotaux à partir du jour du décès. Mais cette solution ne semblait pas devoir être appliquée aux tiers acquéreurs : à leur égard, l'obligation aux fruits et aux intérêts ne devait courir que du jour de la mise en demeure [2].

1. BÉRAULT, II, p. 560.
2. GODEFROY, *Commentaires*, II, 565. — BASNAGE, *Commentaires*, II, 112. Arrêt des Chanoines de Coutances.

D'un arrêt de la Cour de Rouen du 25 juin 1849, de deux autres arrêts de Rouen du 28 juillet 1852 et 28 juillet 1855, confirmant des jugements du Tribunal du Havre du 2 août 1848 et 20 août 1852 [1], il résulte que, sous la Coutume de Normandie, les tiers acquéreurs des biens dotaux normands, même lorsque les ventes étaient nulles, étaient considérés comme tiers de bonne foi, et, par conséquent, ne devaient la restitution des fruits que du jour de la demande.

De ces mêmes jugements et arrêts, il résulte encore que, si les acquéreurs des biens de la femme ont fait sur l'immeuble dotal des constructions, ils ne peuvent être contraints de les enlever, et ont droit à une indemnité égale à la plus-value.

Ces solutions rendues au cas où la vente est nulle pour défaut de formalité ou manque de conditions exigées par la loi, nous semblent à plus forte raison vraies lorsque la femme exerce seulement son recours subsidiaire contre les acquéreurs.

1. Voir *Recueil pér.*, 1855, p. 305.

SECTION V

Prescriptions de l'action en recours

Par quel laps de temps se prescrit l'action en recours ?

Sous la Coutume de Normandie, les ordonnances de 1510 et 1535 ont toujours été suivies, et l'action en recours subsidiaire n'a jamais pu se perdre que par 40 ans, comme les autres actions tendant à obtenir la résolution de l'aliénation.

Mais, sous le Code civil, quelles prescriptions devait-on appliquer ?

Nous avons vu que l'action en recours ne devait pas être considérée comme action en nullité ou en rescision, et, par conséquent, ne devait pas se prescrire par 10 ans, suivant l'article 1304 du Code civil ; et, vouloir appliquer cet article 1304, ce serait violenter la loi nouvelle pour l'*étendre* à des cas qu'elle ne comprend pas, et priver les femmes normandes du droit qu'elles ont. (Arrêt du 26 novembre 1831 [1].)

1. *Recueil périodique*, 1837, p. 561.

La prescription doit donc être de 30 ans depuis le Code civil, puisque cette prescription remplaçait la prescription quadragénaire de la Coutume. (26 juin 1846[1].)

Ces prescriptions de 40 ans sous la Coutume, de 30 ans sous l'empire du Code civil, doivent courir à partir du moment où la femme a pu intenter l'action en recours subsidiaire, c'est-à-dire de la dissolution du mariage ou de la séparation.

1. *Recueil périodique*, 1846, p. 379.

CHAPITRE VIII

Nous venons de voir si les biens de la femme pouvaient être aliénés, quand et comment : il nous reste à étudier une matière qui touche de très près à notre sujet.

La femme normande peut-elle s'obliger ?

Il y a deux grandes sources de l'obligation : le contrat et le délit.

La femme mariée pouvait-elle s'obliger par l'un ou l'autre de ces modes ?

On conçoit que le législateur ne traite pas de la même manière ces deux façons de s'obliger.

La capacité de s'obliger par les délits est généralement plus grande que celle de contracter : telle était bien la règle du droit normand.

Nous allons examiner successivement les obligations conventionnelles et les obligations délictuelles de la femme mariée.

SECTION PREMIÈRE

Obligations conventionnelles

Le législateur romain avait classé les obligations contractées par la femme en deux catégories : celles qu'elle contractait à son profit et celles qu'elle contractait au profit d'autrui.

Le sénatus-consulte Velléien prohibait l'intercession au profit du mari ou des tiers.

Dans le dernier état de la législation de Justinien, l'intercession au profit du mari continuait à être prohibée ; l'intercession au profit des tiers était valable, si elle se produisait dans certaines conditions de garanties pour la femme[1].

La législation de Justinien se répandit du droit romain dans les pays de coutume et de droit écrit.

---

1. Loi 22 au Code iv, 29. Novelle 134, chap. viii, connue sous le nom d'Authentique *si qua mulier* :

« Si qua mulier crediti instrumento consentiat proprio viro, aut scribat et propriam substantiam, aut seipsam obligatam faciat jubemus hoc nullatenus valere, sive semel, sive multoties hujusmodi aliquid pro eadem re fiat : sive privatum, sive publicum sit solutum : sed ita esse ac si neque factum quicquam, neque scriptum esset : nisi manifeste probetur, quod pecunia in propriam ipsius mulieris utilitatem expensæ sint. »

Le régime de l'Authentique *si qua mulier* ne répondait pas aux tendances du pays de communauté.

Il concordait, au contraire, exactement avec la Coutume normande, au point que les articles 538 et suivants paraissent reproduire le système de protection des biens de la femme organisé par le droit romain.

La prohibition faite à la femme d'intercéder pour autrui en pays normand reçut une telle extension, qu'elle aboutit à rendre la femme incapable de s'obliger.

L'incapacité de la femme mariée de s'obliger par contrat était tout à fait conforme à l'ancienne notion du *mundium*, à l'idée que la personnalité de la femme s'absorbait dans celle du mari. L'application extensive du Velléien ne fut qu'un nouveau motif de conserver cette incapacité; mais l'incapacité pour la femme de s'obliger était bien antérieure à l'introduction du Velléien dans notre coutume.

La théorie de l'incapacité fut l'œuvre de la jurisprudence et des jurisconsultes; et, lorsque la législation de Justinien se répandit en France, elle reçut un nouvel appui : nulle part les dispositions de cette loi ne furent plus strictement appliquées.

Froland affirme cependant que le sénatus-consulte Velléien fut appliqué dès l'époque des invasions normandes[1]. C'est possible, puisque le droit romain fut connu de bonne heure en Normandie ; mais son influence fut alors peu considérable.

De bonne heure, dans les pays de coutume, on chercha à éluder le Velléien et l'Authentique *si qua mulier* par la pratique des renonciations jurées.

On faisait valoir, comme principal motif, que toute personne peut renoncer au bénéfice introduit en sa faveur.

Vainement, on faisait remarquer que c'était rendre illusoire la protection qu'on avait voulu accorder à la femme ; elle renonçait aussi facilement qu'elle se serait obligée directement : « *Si mulier possit renunciare*, remarquait Jean Faber, *videtur quod frustra sunt ista senatusconsulta introducta, quia semper mulier renunciabit.* »

Malgré ces protestations, la pratique des renonciations jurées triomphait.

Aussi, un édit de 1606 ordonna que « dorénavent les notaires et tabellions, généralement quelconques, ne pourront en brevets, obligations, contrats et autres actes passés devant eux,

1. FROLAND, *Mémoires sur le sénatus-consulte Velléien*, p. 85.

insérer les renonciations aux dits droits ni en faire mention. . . . ., demeureront néanmoins lesdites femmes bien et dûment obligées dans lesdites renonciations. »

§ 1er

PRINCIPE DE L'INCAPACITÉ POUR LA FEMME NORMANDE DE S'OBLIGER

La Normandie se montra toujours d'une grande sévérité au point de vue de l'incapacité de la femme, et la renonciation au Velléien fut toujours considérée comme nulle à notre Parlement [1]. Aussi, lorsque Henri IV promulgua l'Édit de 1606, le Parlement se refusa-t-il à l'enregistrer [2].

L'incapacité de la femme mariée resta aussi étendue que par le passé: les obligations qu'elle contractait étaient nulles de plein droit.

Notre coutume protége toujours la femme, et ne lui permet pas de s'obliger en dehors de certains cas que nous aurons à étudier.

1. FROLAND, chap. VIII, p. 105.
2. FROLAND, *Mémoires sur le sénatus-consulte Velléien*, p. 53, 93. — BASNAGE, *Traité des hyp.*, 2e part., chap. II.

Nous trouvons l'état du droit en cette matière résumé en une intéressante consultation signée d'avocats du Parlement de Rouen (Basnage, Castel, Theroulde, etc.), ainsi conçue : « Les avocats soussignés. . . . . . . répondent que c'est un droit général et commun en Normandie, qu'une femme mariée ne peut s'obliger ni conjointement ni séparément, et que les obligations qu'elle contracte dans ce temps sont réputées nulles, n'y ayant que deux exceptions à cela, qui résultent de deux articles de la Coutume, dont l'un est l'article 538 pour l'aliénation des biens de la femme qui est faite conjointement par elle et par son mari, dont le contrat est bon et valable pourvu qu'on lui fournisse un bon remplacement sur le mari, faute de quoi elle rentre dans son bien aliéné ; l'autre est le 541 pour les obligations qu'elle peut contracter pour retirer son mari de prison pour cause criminelle seulement ; hors lesquels cas il est certain que les obligations d'une femme mariée, non séparée de biens, ne peuvent valoir. Et pour celles qui sont séparées, elles peuvent après la séparation obliger leurs meubles et acquêts et ne peuvent aliéner ni hypothéquer leurs immeubles ; il y aurait encore un troisième cas d'obligation que les femmes mariées, séparées ou non séparées, pouvaient faire, qui est celui

du mariage, pour raison de quoi elles peuvent
s'obliger[1]. »

En conformité de cette consultation, fut rédigé
par la Cour, le 3 juin 1677, un acte de notoriété
constatant que l'usage était bien tel que le rap-
portaient les avocats signataires de la consultation. Le Parlement de Paris, qui avait demandé
cette consultation, rendit un arrêt où il consta-
tait qu'il était certain qu'une femme non séparée ne pouvait contracter d'obligation valable,
parce que toute obligation de femme en puissance de mari ne pouvait passer que pour un
véritable cautionnement[2].

Cette incapacité générale était même maintenue avec beaucoup de rigueur, et les commentateurs nous rapportent un grand nombre de
décisions judiciaires annulant, sur la demande
de la femme, les obligations par elle contractées.

La nullité qui frappait les obligations était
telle, qu'elle ne pouvait être couverte par aucune
ratification, fût-elle intervenue alors que la
femme avait recouvré la capacité par suite du
décès du mari[3].

---

1. Consultation du 2 juin 1677 rapportée par Froland. (*Mémoire
sur le Velléien*, p. 101.)

2. FROLAND, p. 112.

3. BÉRAULT, *Commentaires*, II, 53. Arrêt Corbeilles du 17 janvier
1611.

En était-il de même sous le Code civil, et la femme séparée ne pouvait-elle pas ratifier l'obligation consentie avant la séparation?

Nous avons trouvé deux arrêts en sens contraire sur la question ; l'un du 16 mai 1827[1] dit : « que l'acte de ratification consenti par elle après la séparation prononcée n'a pas eu l'effet de la (l'obligation) valider, parce que l'on ne trouve pas dans cet acte, conformément aux dispositions de l'article 1338 du Code civil, la mention du motif de l'action en rescision et l'intention de réparer le vice dont le premier acte était inficié. »

Un autre arrêt du 3 août 1826[2] admet la validité de la ratification, reconnaissant que cette ratification « réunit les conditions voulues par l'article 1338 du Code civil et, par conséquent, répare le vice du titre originel ».

Il semble donc que, depuis le Code civil, si l'acte de ratification « indique suffisamment l'intention de réparer le vice du titre originel, tenant à ce qu'il avait été passé antérieurement à la séparation de biens, et le motif de l'action ou de l'exception à purger, s'il réfère aussi la substance de l'obligation primitive ; que, dès lors, il réunit les conditions voulues par l'article 1398

1. *Journal des arrêts*, 1828, 1, p. 21.
2. *Journal des arrêts*, 1827, 1, 133.

Code civil ».(Arrêt précité.)La femme normande séparée peut ratifier l'obligation consentie avant sa séparation.

La femme pouvait même répéter lorsqu'elle avait exécuté l'obligation : « J'estime, dit Froland, que, l'obligation de la femme qui a son domicile en Normandie étant nulle *ipso jure*, l'on ne peut se prévaloir contre elle de ce qu'elle a payé partie de la somme qui était due par son mari ou par autrui, encore bien que le paiement ait été fait de son bon gré, parce que, en payant, elle a fait une chose dont elle n'était pas tenue, et qu'elle a payé une dette qui n'était pas la sienne[1]. »

La femme n'était donc pas tenue d'opposer l'exception *in limine litis;* elle pouvait la proposer en tout état de cause.

L'exception passait aux héritiers de la femme et même à ses cautions.

Mais cette incapacité absolue[2] de s'obliger

1. FROLAND, p. 141. — BASNAGE, *Traité des hypothèques*, 2ᵉ part., chap. II

2. Aujourd'hui encore, la femme mariée peut s'obliger, mais seulement avec l'autorisation de son mari. (Art. 220 et 1124.) Elle ne peut jamais être tenue de ses obligations sur ses biens dotaux.

a-t-elle survécu à la loi du 30 ventôse an VII (article 7) et au Code civil ?

L'article 7 de la loi du 30 ventôse a abrogé le sénatus-consulte Velléien, et, à partir de ce moment, les femmes mariées, séparées ou non, ont pu valablement s'obliger. (6 mai 1828[1], 19 février 1846[2].)

Toutefois, par leurs obligations, elles ont continué à ne pouvoir engager leurs biens dotaux, meubles ou immeubles, capital ou revenu, à moins que ce revenu ne soit échu et amobilié. (Cassation, 20 juin 1855[3]; Caen, 23 août 1852[4]; 8 décembre 1828[5].)

En Normandie, dit l'arrêt du 23 août 1852, la femme mariée ne pouvait prendre d'engagements qui affectassent sa dot mobilière ou immobilière, et qui fussent exécutoires soit sur le capital, soit sur le revenu de ses reprises dotales. A cet égard, la jurisprudence est constante, et se fonde sur les articles 126 et 127 des placités, qui n'accordent effet qu'aux obligations contractées par la femme « depuis sa séparation et sur ses revenus échus et amobiliés ».

Désormais, la femme pouvait s'obliger avant

1. *Journal des Arrêts*, 1828, 1828, 1, 201.
2. *Recueil pér.*, 1846, 164.
3. *Recueil pér.*, 1855, Caen, 165.
4. *Recueil pér.*, 1852, Caen, 273.
5. *Journal des Arrêts*, 1829, p. 677.

la séparation, mais sur les biens de libre disposition seulement.

Depuis le Code civil, la femme normande
a pu s'obliger : 1° comme caution de son mari
(3 août 1826 [1]) ; 2° elle a pu, solidairement avec
son mari, s'obliger à la garantie de ses biens
dotaux, et l'effet de cette obligation est d'enlever
à la femme son recours subsidiaire, s'il lui reste
des biens libres pour la remplir de ses droits
(19 fév. 1846 [2]) ; 3° si elle soutient conjointement
avec son mari un procès relatif à ses biens dotaux, elle est personnellement passible des dépens ; mais ces dépens ne sont point exécutoires
sur les biens dotaux de la femme, et le sont
simplement sur les biens de libre disposition.
(11 juin 1825 [3].)

Les obligations consenties par une femme
normande sont donc seulement exécutoires,
depuis le Code civil, sur le mobilier non dotal,
sur ses immeubles acquis depuis sa séparation,
si elle est séparée, et sur le revenu même du
bien dotal échu et amobilié.

Et encore, sur le revenu, la femme peut
prétendre qu'il lui soit laissé une somme an-

1. *Journal des Arrêts*, 1827, 1, 133.
2. *Recueil pér.*, 1846, 164.
3. *Journal des Arrêts*, 1826, 1, 379.

nuelle suffisante pour pourvoir à sa subsistance. (6 mai 1828[1].)

On s'était demandé si une obligation contractée, sous l'empire du Code civil, par une femme normande non séparée, pouvait être exécutoire sur des créances échues depuis sa séparation. La jurisprudence avait résolu la question négativement. (29 décembre 1817[2].)

Et les héritiers même purs et simples de la femme normande ne sont pas tenus autrement qu'elle de son obligation. (Arrêt du 18 fév. 1347[3].)

« Et, dit un arrêt du 8 décembre 1828[4], ils peuvent se prévaloir de la dotalité des biens et revenus pour les soustraire à l'exécution de l'obligation consentie par leur auteur. »

§ 2

EXCEPTION AU PRINCIPE

Quelque rigoureuse que fût l'incapacité de la femme, elle n'était pas sans recevoir d'exceptions.

1. *Journal des Arrêts*, 1828, 1, 201.
2. Voir *Recueil pér.*, 1848, 523. — Voir aussi, *Recueil pér.*, 1847, 127 et 502.
3. *Recueil pér.*, 1847, 86.
4. *Journal des Arrêts*, 1829, 677.

D'une part, la femme pouvait s'obliger dans les cas exceptionnels où il lui était permis d'aliéner ses biens dotaux. (Art. 541.)

D'autre part, la femme pouvait, lorsqu'elle était séparée de biens ou marchande publique, obliger ses meubles et acquêts.

Enfin, dans certains cas très favorables, elle pouvait faire un véritable cautionnement.

En premier lieu, la femme, qui pouvait aliéner sa dot dans les cas prévus par l'article 541, pouvait, dans les mêmes cas, contracter une obligation valable. Toutefois, cette obligation ne pouvait recevoir exécution que sur les meubles et sur le revenu des immeubles que la femme pourrait avoir après le décès de son mari, ou après la séparation de biens.

C'est ce qui fut jugé par un arrêt de la Grande Chambre du 23 août 1737[1].

On n'exigeait pas l'autorisation de justice et l'avis des parents, parce qu'il ne s'agissait plus d'aliéner des immeubles, mais seulement d'engager des meubles.

D'autre part, la femme séparée de biens et la femme marchande publique[2], qui pouvaient

1. FLAUST. *Commentaires.* 1, 502.
2. Le Code civil autorise aussi la femme marchande publique à s'obliger. (Art. 226.)

aliéner leurs meubles et acquêts, pouvaient contracter des obligations exécutoires sur ces mêmes biens : sans cela, l'administration de ces biens eût été rendue impossible à la femme séparée, et la femme commerçante eût été dans l'impossibilité de faire son négoce.

Enfin, la femme était, dans certains cas, autorisée à fournir un cautionnement valable. Ces exceptions aux principes s'étaient introduites dans la pratique en l'absence de tout texte.

Elle pouvait cautionner son fils, pourvu que le cautionnement ne dépassât pas sa part dans la succession. On considérait l'obligation ainsi contractée par la femme « comme une anticipation de sa succession et une portion de son bien dont elle avait fait un avancement[1] ».

On avait discuté la question de savoir si la femme pouvait s'obliger pour fournir une dot à sa fille. C'était un des cas dans lesquels la loi romaine ne permettait pas à la femme d'invoquer le sénatus-consulte Velléien.

Malgré le silence des textes, la jurisprudence normande considérait comme bon et valable l'emprunt fait par la femme pour doter sa fille[2].

---

1. BASNAGE, *Traité des hypothèques*, 2ᵉ part., chap. II, arrêt des 17 mars 1644 et 19 février 1658.
2. FROLAND, *Mémoires*, 472.

Comme l'obligation contractée par la mère était censée un avancement d'hoirie ; le cautionnement contracté par une femme au profit de son gendre n'était pas valable, si la fille n'était pas héritière.

Comme conséquence de la même idée, et par application de l'article 434 de la Coutume, qui défendait aux père et mère d'avantager un de leurs enfants, on décidait que l'obligation contractée par la mère pour l'un de ses fils ne valait que jusqu'à concurrence de la part que pouvait avoir dans la succession l'enfant cautionné.

SECTION II

Obligations délictuelles [1]

Si on conçoit que la femme mariée ne puisse s'obliger par des contrats, on ne concevrait pas qu'elle pût se soustraire à la réparation des dommages qu'elle aurait causés par ses délits : le droit normand en avait ainsi jugé.

---

1. Aujourd'hui, la femme peut s'obliger sans autorisation du mari par ses délits et quasi-délits. (Art 1310.) Elle peut même, dans ce cas, être tenue sur ses biens dotaux, au moins quant à la nue propriété, le droit de jouissance devant rester au mari. (Cass., 28 nov., 1885. D., 85, 1, 11 et 2) mars 1893, D., 93, 1, 255.)

L'article 544 de notre Coutume disposait en effet : « Et où la femme serait poursuivie pour méfait, médit ou autre crime, son mari en sera tenu civilement, s'il la défend, et, s'il la désavoue, et elle est condamnée ; la condamnation sera portée sur tous les biens à elle appartenant, de quelque qualité qu'ils soient, si les fruits ne peuvent suffire. »

Il est certain d'abord que les femmes pouvaient ester en justice comme défenderesses en matière criminelle, sans l'autorisation de leur mari : il le fallait bien, sous peine de voir la femme condamnée sans pouvoir se défendre. Mais alors deux cas pouvaient se présenter : ou le mari prenait la défense de sa femme, ou, au contraire, il l'abandonnait à ses propres forces.

Si le mari prenait la défense de sa femme, il s'exposait à la réparation civile due au plaignant.

Mais, s'il y avait condamnation à l'amende ou confiscatio , c'était la femme qui devait la supporter[1].

---

1. BÉRAULT, 2, p. 568. — GODEFROY, *Commentaires*, 2, p. 568. — Aujourd'hui encore, les amendes encourues par la femme s'exécutent sur la nue propriété de ses biens tant que dure la communauté. (Art. 1424.)

Si, au contraire, le mari la désavouait, c'est-
à-dire s'il se refusait à prendre sa défense, et si
elle comparaissait seule, il était hors de cause.
Il en était ainsi même si la partie offensée s'était
adressée directement à la femme, sans demander l'intervention du mari[1].

La femme, si elle était condamnée, suppor-
tait alors la condamnation, même sur les biens
dotaux et, à défaut de biens, elle était contrai-
gnable par corps.

Il en fut ainsi même depuis le Code civil, et
un arrêt du 10 août 1812[2] reconnaît « que les
biens dotaux de la femme sont soumis aux réparations qui peuvent être dues par elle à raison de
ses crimes ou délits . . . . . et que l'article 514 de
la Coutume de Normandie déclare exécutoire
sur tous les biens, de quelque qualité qu'ils
soient, les condamnations prononcées pour méfait, médit ou autres crimes. »

Mais cette règle que la femme ne peut soustraire ses biens, même dotaux, aux conséquences
de ses crimes et délits, ne peut s'appliquer qu'en
ce qui concerne les conséquences immédiates
du délit et aux intérêts civils qui peuvent en
résulter.

Ainsi, dans le cas de condamnation pour

1. GODEFROY, *Commentaires.* II, p. 561.
2. *Recueil pér.*, 1842, p 620.

banqueroute frauduleuse, lors de laquelle les créanciers partie civile n'ont point conclu de dommages et intérêts, ils ne peuvent ensuite se fonder sur cette condamnation pour réclamer devant les tribunaux civils l'exécution de leurs titres de créance sur les biens dotaux [1]. (Arrêt du 18 février 1830.)

1. *Journal des Arrêts*, 1830, 585.

CHAPITRE IX

RÉGLES SPÉCIALES A L'INALIÉNABILITÉ DE LA FEMME
SÉPARÉE ET DE LA FEMME COMMERÇANTE

Au point de vue de l'inaliénabilité des biens des femmes, notre Coutume avait établi certaines règles spéciales pour la femme séparée et pour la femme commerçante. Il nous reste à étudier ces règles: nous le ferons dans deux sections.

SECTION PREMIÈRE

Inaliénabilité des biens de la femme séparée

Quelle était la capacité de la femme séparée relativement à l'aliénation de ses biens?

La Coutume de Normandie prohibait d'une façon absolue l'aliénation des immeubles de la femme séparée. Peu importait que le mari eût ou non donné son autorisation ; à ce point de vue, la femme séparée était donc moins favorisée que la femme non séparée.

Cependant, cette règle trop absolue recevait plusieurs tempéraments.

D'abord, le contrat passé par la femme, nul comme aliénation, était valable comme obligation.

Puis le principe de l'inaliénabilité recevait quelques exceptions pour certains biens, dans certains cas et sous certaines conditions.

Enfin, dans le dernier état du droit normand, la femme séparée a pu valablement aliéner tous ses biens sous certaines conditions. Nous allons développer ces principes sous quatre paragraphes.

§ 1er

POURQUOI L'AUTORISATION DONNÉE PAR LE MARI [1] NE POUVAIT-ELLE VALIDER LA VENTE DU BIEN DE LA FEMME ?

Le motif qu'on en donnait était que le mari dont la mauvaise administration avait causé la ruine du ménage, ne pouvait pas habiliter sa femme à compromettre sa dot, alors que la séparation de biens avait pour but de la sauver.

---

1. Le Code civil admet que l'autorisation du mari suffit pour valider l'aliénation d'un immeuble faite par la femme séparée. A défaut d'autorisation du mari, la femme séparée peut se faire autoriser par justice. (Art. 1449.)

C'est ce qui fut décidé par un arrêt de règlement du 1er janvier 1600 [1], qui fixa la jurisprudence malgré les objections que l'on éleva contre cette solution.

Il fut jugé, d'ailleurs, que ce règlement n'était pas introductif d'un droit nouveau.

Cependant, la femme peut encore aliéner, avec l'autorisation du mari, tant que la séparation est seulement demandée et non encore déclarée, et cela, même lorsque la séparation a été prononcée sous le Code civil.

Le Code civil n'a-t-il pas abrogé l'art. 127 des Placites, et, depuis le Code, la femme normande n'a-t-elle pas pu aliéner ses biens avec l'autorisation de son mari ?

Il faut distinguer :

1° Entre la promulgation de l'art. 217 du Code civil et la promulgation de l'art. 1449, la femme a continué à ne pouvoir aliéner ; car l'art. 217 n'avait pas abrogé l'art. 127 des Placites (19 août 1816 [2].)

2° Depuis la promulgation de l'article 1449, qui abroge l'article 127 des Placites, la femme

1. FROLAND, *Mémoires sur le Veliéien*, p. 31.
2. 19 août 1816, LE BRET, *Dictionnaire de jurisprudence.* v. s., n° 109, p. 740.

séparée a pu valablement vendre ses biens avec
autorisation du mari. (25 juin 1814[1].)

Est-ce à dire que, sous la coutume, l'autorisation du mari fût absolument sans effet?

S'il en avait été ainsi, on aurait décidé que
la femme pouvait reprendre son bien purement
et simplement entre les mains de l'acquéreur,
le contrat étant non avenu : telle n'était pas la
solution consacrée par la jurisprudence. Le
contrat était nul malgré l'autorisation maritale,
en ce que la femme avait un recours direct
contre son acquéreur, en dépit des articles 538
et suivants de la coutume.

Mais l'acquéreur pouvait, au lieu de rendre
l'immeuble, en payer la valeur à la femme,
ce qu'il n'aurait pu faire si la femme avait
procédé seule à l'aliénation. C'est la solution
qui fut consacrée par l'arrêt de Heuzé du
23 juillet 1636.

§ 2

EN QUOI DONC CONSISTAIT LA NULLITÉ DE L'ALIÉNATION
CONSENTIE PAR LA FEMME SÉPARÉE ?

Le contrat était-il complètement dépourvu
d'effet ?

---

1. 25 juin 1814, LE COURTOIS, *Dictionnaire de jurisprudence*,
T. X. n° 108, p. 440.

Non. Nul en tant que contrat d'aliénation, il valait comme créant à la femme une obligation. C'est ce qu'avait décidé le règlement de 1666 dans son article 127, ainsi conçu : « Mais elle ne peut vendre ni hypothéquer les immeubles qui lui appartenaient lors de la séparation, ou qui lui sont échus par succession, sans permission de justice et avis des parents ; et néanmoins, les contrats qu'elle en aura faits sans ladite permission pourront être exécutés sur ses meubles et revenu des immeubles, après qu'il sera échu et amobilié. » Cette disposition avait pour résultat de permettre à l'acquéreur de l'immeuble de la femme de saisir les revenus de celle-ci pour l'exécution du contrat. Les termes de l'article 127 demandaient d'ailleurs à être expliqués, afin d'assigner à ce texte sa véritable portée. Il autorisait la saisie des revenus des immeubles de la femme.

S'appliquait-il au revenu des biens dotaux ? Un arrêt du 10 décembre 1671 se prononça pour la négative[1]. Mais un arrêt de la Grand' Chambre du 5 décembre 1656 avait permis la saisie de ces revenus. C'était conforme au texte du règlement, qui ne fait aucune distinction[2].

---

1. BASNAGE, *Commentaires*, II, p. 395.
2. FLAUST, I, p. 508.

Du reste, cette solution a été admise par la jurisprudence plus récente, et les arrêts des 27 février 1815 et du 2 décembre 1818 [1] décident que les obligations contractées par la femme normande séparée peuvent s'exercer sur les meubles et sur le revenu des immeubles sans distinction.

Cependant, ses obligations ne peuvent être mises à exécution sur la portion de ces meubles et revenus nécessaires à la subsistance de la femme et de sa famille. (19 août 1816, 7 janvier 1817, 26 juillet 1839 [2].)

Aussi, en cas de saisie-arrêt par les créanciers, la femme avait-elle toujours droit à une pension proportionnée à ses revenus. (19 juin 1835 [3].)

L'article 127 donne pour gage le revenu des immeubles après qu'il sera échu et amobilié. Cela signifie que l'on devait attendre l'échéance des fermages pour les saisir; on ne pouvait saisir les fermages à échoir. « C'est une petite

---

1. 27 février 1815, MAUGER. — 2 décembre 1818, BIRON DES PARCS. (*Dictionnaire de jurisprudence.* v. N., n° 34, p. 133.

2. 19 août 1816, LE BRET. — 7 janvier 1817, DUCHESNE. — 26 juillet 1839, DETHAN. Recueil 1817, p. 3, 357, et *Dictionnaire de jurisprudence,* v. N., n° 118.)

3. 19 juin 1835, HEURTAUT. (*Dictionnaire de jurisprudence,* v. N., n° 119.

douceur pour la femme séparée, disait Flaust[1], en ce qu'à ce moyen elle peut être plus prompte à recevoir, au moment de l'échéance et de l'amobiliement, que le créancier à saisir. »

Mais, si la femme faisait valoir elle-même son héritage, il suffisait que les fruits fussent devenus meubles pour être saisissables.

Or, aux termes de l'art. 505 de la Coutume, « les fruits, grains et foins étant sur la terre après le jour de la nativité de saint Jean-Baptiste, encore qu'ils tiennent par les racines et ne soient coupés ni sciés, sont néanmoins censés réputés meubles, fors et réserve les pommes et les raisins, qui sont réputés immeubles jusqu'au premier jour de septembre, et, quant au bois, il n'est réputé meuble s'il n'est coupé ».

L'art. 127, lorsqu'il disait que les contrats passés par la femme pourraient être exécutés sur le revenu des immeubles, autorisait certainement l'acquéreur, obligé de payer la valeur de l'immeuble, à demander sur ce revenu la restitution de ce qu'il avait déboursé.

Mais l'autorisait-il en outre à demander des dommages et intérêts ?

En faveur de l'affirmative, on faisait valoir

---

1. FLAUST, *Commentaires*, 1, 507.

la généralité des termes de l'art. 127, qui, en autorisant l'exécution des contrats, permettait au contractant de se faire indemniser pleinement. La femme, d'ailleurs, avait à se reprocher son manque de bonne foi et son inconstance.

Malgré ces raisons, on se décidait en faveur de la femme, qu'il fallait protéger à raison de sa faiblesse. L'acquéreur savait d'ailleurs à quoi s'en tenir: il connaissait la prohibition d'aliéner, et s'exposait volontairement au recours de la femme et même des héritiers de celle-ci. C'était faire assez pour eux que de leur permettre de recouvrer leurs déboursés dans la mesure des revenus de la femme [1].

§ 3

QUAND LA PROHIBITION D'ALIÉNER S'APPLIQUAIT-ELLE [2] ?

Nous avons vu qu'à la règle générale il y avait des exceptions. Recherchons donc les cas dans lesquels l'aliénation était valable, et les cas où, au contraire, elle devait être considérée comme nulle.

---

1. FLAUST, *Commentaires*, I, 508.
2. Au point de vue de l'inaliénabilité des immeubles dotaux, le Code civil n'établit pas de différence entre la femme séparée et la femme non séparée. (Art. 1554.)

La prohibition absolue d'aliéner s'appliquait seulement aux immeubles qui appartenaient à la femme lors de la séparation, ou qui lui étaient échus par succession depuis la séparation. C'était la disposition formelle de l'art. 126 des Placites : « La femme séparée de biens peut, sans autorité ni permission de justice et sans l'avis et consentement de son mari, vendre et hypothéquer ses meubles présents et à venir, de quelque nature qu'ils soient, et les immeubles par elle acquis depuis sa séparation, sans qu'il soit besoin d'en faire le remploi. »

La question avait été discutée avant le règlement de 1666.

On disait que la femme séparée était exposée à céder aux instigations d'un mari nécessiteux. Mais on répondait que la femme qui avait su faire des acquisitions grâce à son activité et à sa bonne administration, était présumée capable d'en faire un bon emploi lorsqu'elle les aliénait. C'est l'opinion qui triompha [1]. C'est elle que consacra l'art. 126 des Placites que nous venons de rapporter.

Il faut observer, d'autre part, que l'aliénation, permise à la femme mariée dans les cas excep-

1. BÉRAULT, *Commentaires*, II, p. 549.

tionnels prévus par l'article 541 de la coutume, restait permise avec les mêmes formalités lorsqu'elle était séparée de biens.

Il paraîtrait même résulter *a contrario* de l'article 127 des Placites, que la femme séparée pouvait aliéner ses biens dotaux, avec la permission de justice et l'avis des parents, toutes les fois que les parents et le juge le croyaient convenable. Mais ce n'était pas ainsi qu'il fallait entendre ce texte. On devait l'interpréter par corrélation avec l'article 541 de la coutume et le règlement de 1600. La prohibition était posée en termes absolus par ce dernier règlement. On n'exceptait que les cas de l'article 541. C'est à ces cas que se référait l'article 127 lorsqu'il autorisait l'aliénation avec la permission de justice et l'avis des parents [1].

C'est ainsi qu'il ne fallait pas permettre à la femme d'aliéner ses biens dotaux pour le paiement de ses propres dettes.

Un arrêt du 20 juillet 1630 avait décidé le contraire, et Basnage [2], qui le rapporte, l'approuvait dans les termes suivants : « Il faut néanmoins observer que toutes sortes d'aliénations faites par la femme séparée ne sont pas

1. FLAUST, *Commentaires*. I, 509.
2. BASNAGE, *Commentaires*. II, p. 395.

nulles, si les deniers ont été employés à l'acquit de ses dettes. Elle ne peut pas demander la résolution du contrat. Cela fut jugé en la Chambre des enquêtes le 20 juillet 1630, au rapport de M. Bigot, et que le règlement qui défend aux femmes mariées l'aliénation de leurs immeubles, ne s'entend point de celles dont les deniers ont été employés à l'acquit de leurs dettes, si elles ont contracté par le consentement de leur mari. »

Mais cette opinion est justement critiquée par Flaust[1].

Le règlement de 1600 prononçait la nullité des contrats d'aliénation consentis par la femme séparée ; il n'était fait exception que pour les cas prévus par l'article 541. Il est dangereux d'étendre les exceptions. Il faut ajouter que, dans les cas exceptionnels où l'aliénation est permise, la femme doit demander l'autorisation de justice et l'avis des parents. Permettre l'aliénation en dehors de ces cas avec la seule autorisation du mari, c'est violer deux fois la loi. Aussi un arrêt du 10 juin 1660 annula-t-il l'aliénation contractée par une femme séparée, bien que les deniers eussent été employés par cette femme à l'acquit de ses dettes, et que le mari eût autorisé la vente.

1. FLAUST, I, p. 510.

Il est vrai que, la femme ayant employé le prix de vente à son profit, il était peut-être injuste de faire supporter la perte par le tiers acquéreur ; mais ce que l'on aurait dû faire pour éviter ce danger, c'était de subroger l'acquéreur dans les droits des créanciers. Il ne fallait pas confirmer le contrat [1].

La femme séparée, qui ne pouvait aliéner ses immeubles, ne pouvait pas renoncer à son douaire. On cite bien un arrêt du 8 mars 1638 en sens contraire ; mais les circonstances spéciales dans lesquelles il fut rendu empêchent de lui attribuer toute importance : la règle est certaine [2], et cette règle a encore été confirmée par un arrêt du 26 juillet 1839 [3] qui défend l'aliénation du douaire.

La femme séparée de biens pouvait-elle disposer par donation ?

La question paraît avoir été discutée. Nous trouvons un arrêt de la Chambre des enquêtes, du 11 juillet 1657, qui valide une donation d'immeubles faite par une femme séparée. Il est vrai que la libéralité était faite à l'église à charge

1. FLAUST. *Commentaires*, I, 511.
2. BASNAGE, *Commentaires*, II, p. 397.
3. *Recueil*, p. 3, 357.

de services ; on devait donc la regarder comme un contrat à titre onéreux [1].

Cet arrêt ne pouvait être considéré comme résolvant la difficulté. La question paraissait même devoir être toute différente, en dehors des circonstances spéciales dans lesquelles avait été rendu l'arrêt du 11 juillet 1657. La femme séparée de biens ne pouvait disposer de ses immeubles à titre onéreux : on ne s'expliquerait pas qu'elle eût pu en disposer à titre gratuit. C'est bien la solution qui triompha.

Le règlement de 1666 maintint la prohibition d'aliéner, sans excepter la disposition à titre gratuit. Aussi un arrêt du 1er août 1730 annula-t-il la donation faite par une femme séparée.

Toutefois, la femme séparée, qui pouvait aliéner ses meubles et ses acquêts à titre onéreux, pouvait également en disposer par donation.

§ 4

DERNIER ÉTAT DU DROIT NORMAND EN CETTE MATIÈRE

Cependant, dans le dernier état du droit normand, on semble s'être départi de cette

1. Sous l'art. 431, BASNAGE.

rigueur et avoir admis que l'art. 127 s'applique à tous les cas de vente, et non pas seulement aux cas de l'art. 541.

Un arrêt du 4 août 1840 [1] déclare, en effet, formellement que « la vente faite par une femme normande, séparée de biens, des immeubles qu'elle possédait avant sa séparation, n'était valable qu'autant qu'elle avait lieu avec autorisation de justice, précédée d'un avis des parents ».

Cet arrêt reconnaît, par conséquent, que ces formalités suffisent pour valider la vente.

SECTION II

Aliénation faite par la femme commerçante

§ 1er

CONDITIONS POUR ÊTRE RÉPUTÉE MARCHANDE PUBLIQUE [2]

Pour être marchande publique, la femme devait être autorisée à faire un commerce séparé, autre que celui de son mari.

---

1 4 août 1840, *Recueil*, p. 1840, p. 401. — Voir aussi arrêt du 20 janv. 1830, *Journal des Arrêts*, 1830, 2, 624.

2. Pour être réputée marchande publique, notre droit actuel exige deux conditions :

1° L'autorisation expresse ou tacite du mari. (Art. 4 C. com.)

Cette seconde condition, posée en termes exprès par la coutume de Paris (art. 235), était adoptée par la plupart des autres coutumes, et, bien que la nôtre fût muette sur ce point, on le considérait comme constant.

La femme qui était une simple employée de son mari ne pouvait être regardée comme commerçante.

Quant à l'autorisation, elle n'avait pas besoin d'être expresse : elle résultait de ce que le mari ne s'opposait pas à l'exercice public du commerce entrepris par la femme.

C'était encore l'opinion consacrée par certaines coutumes (Coutume de Paris, art. 236), et acceptée dans notre province : « L'approbation tacite que le mari donne à son commerce en lui souffrant de négocier, dit Basnage [1], est une autorisation générale pour tous les actes qui en dépendent, et cette autorisation présumée a le même effet que si le mari était présent et qu'il signât au contrat. »

— Toutefois, cette autorisation ne serait pas exigée au cas de séparation de corps.

— Il faut aussi noter que, si la femme est mineure, les formalités de l'article 2 du Code de commerce doivent être remplies. Pour un motif d'ordre moral, nous ne croyons pas que l'autorisation de justice puisse suppléer celle du mari.

2° Un commerce séparé. (Art. 522 Code de com.)

Ces deux conditions suffisent. C'est donc la même règle qu'en droit normand.

1. BASNAGE, *Commentaires*, II.

§ 2

FEMME D'UN COMMERÇANT

Les obligations contractées par le mari commerçant n'étaient pas opposables à la femme[1].

Cependant, aux termes d'une ordonnance du mois de juin 1680, « les femmes et veuves des marchands de vin, lesquelles se sont mêlées du commerce de leur mari, seront tenues de payer les droits, encore qu'elles renoncent à la succession de leur mari, et seront les femmes veuves réputées s'être mêlées du commerce de leurs maris lorsqu'elles seront employées avec eux sur le registre des déclarations ».

Bien que la question ait été discutée, il semble que l'ordonnance n'imposait pas une obligation personnelle à la femme, qui pouvait demander récompense sur les biens du mari[2].

---

1. BERAULT, *Commentaires*, II, 551. Il en est de même aujourd'hui, et, si la femme aide le mari dans son commerce, elle l'oblige sans s'obliger. (L'art. 1420 du Code civil doit s'appliquer.)

2. FLAUST, I, 487.

§ 3

CAPACITÉ DE LA FEMME COMMERÇANTE

Lorsque la femme faisait le commerce, elle pouvait donc contracter dans les limites de son négoce [1].

Alors, en même temps qu'elle s'obligeait elle-même, elle obligeait son mari, et les obligations de la femme marchande étaient exécutoires contre le mari sur tous ses biens et même par corps [2] : « Le tablier oblige le mari », disait l'adage.

L'engagement du mari était fondé sur ce qu'il bénéficiait du commerce de sa femme, puisqu'il avait la libre disposition de ses biens tant qu'elle n'était pas séparée de biens.

C'est sur le même fondement que le mari était tenu des obligations dont la femme était débitrice au moment du mariage : « qui épouse la femme épouse les dettes », parce que le mari a la disposition des meubles de la femme qui doivent normalement servir à acquitter les

1. Aujourd'hui encore, la femme marchande publique peut faire tout acte de commerce sans autorisation. (Art. 5 Code de com.)
2. FLAUST, *Commentaires*, I, 466.

dettes, et aussi parce que, jouissant des revenus de la femme, il devait les employer à cet usage.

De là aussi, l'opinion de certains commentateurs, qui pensaient que le mari devait indemniser la femme des obligations qu'elle pouvait être tenue de payer; mais cette opinion fut repoussée.

La femme était tenue personnellement et sans recours [1], et les obligations qu'elle contractait la soumettaient à la contrainte par corps, sans qu'elle eût besoin de s'y soumettre par une stipulation particulière. C'est ce que décida un arrêt rendu en la Chambre de l'Édit le 20 février 1658 [2].

L'ordonnance de 1667 décidait en termes formels que les femmes marchandes publiques pourraient être contraintes par corps. Nous ne pouvons donc point être de l'avis de Bérault, qui dit que plusieurs arrêts déchargeaient la femme de la contrainte par corps [3].

Sur quels biens de la femme les obligations contractées par elle, dans l'exercice de son commerce, pouvaient-elles recevoir exécution?

1. BASNAGE, arrêt du 20 fév. 1658. — FLAUST, *Commentaires*, I, 136.
2. FLAUST, *Commentaires*, II, 585.
3. BÉRAULT, *Commentaires*, II, 552.

Incontestablement, la femme pouvait obliger valablement ses meubles et acquêts [1].

Mais pouvait-elle aussi aliéner ou hypothéquer sa dot ?

Basnage rapporte un arrêt de novembre 1630 qui paraît admettre l'affirmative. Mais le commentateur fait remarquer que les héritiers poursuivis étaient à la fois héritiers du père et de la mère. Or, « il est sans doute que la femme marchande publique peut engager les biens de son mari. Ainsi, les enfants étant héritiers de l'un et de l'autre, on pouvait décréter les biens tant du côté paternel que du côté maternel [2] ».

D'ailleurs, le même commentateur nous rapporte un arrêt du 9 juillet 1668, qui avait décidé que la femme marchande publique ne pouvait engager ni hypothéquer ses biens dotaux.

L'argument que l'on faisait valoir n'était pourtant pas décisif. Il consistait à dire que, la coutume de Normandie ayant pris un soin jaloux de conserver le bien des femmes, « ce

---

1. Aujourd'hui la femme commerçante peut vendre, hypothéquer, échanger ses biens non dotaux.

Mais, en ce qui concerne les biens dotaux, ils restent soumis aux règles du Code civil. (Art. 7, al. 2 du Code de commerce, 1554-1559 du Code civil.)

2. BASNAGE, *Commentaires*, II.

serait mal comprendre son intention que d'en permettre l'aliénation sous prétexte de commerce, qui lui apportait ordinairement plus de dommage que d'utilité ». Avec plus de force, on ajoutait que, la coutume n'ayant pas fait figurer la cause du commerce parmi les cas exceptionnels où la femme pouvait obliger sa dot, il ne fallait pas mettre cette omission sur le compte d'un oubli.

On objectait très justement, en sens contraire, que, si la femme ne pouvait obliger sa dot, son crédit s'en trouverait très diminué, s'il n'était pas complétement détruit.

D'autre part, puisqu'on leur permettait de s'obliger par corps, pourquoi ne pas décider que les obligations contractées par elles pourraient s'exécuter sur leurs biens? Il est vrai que les mineurs pouvaient s'obliger par corps, mais ne pouvaient pas aliéner.

Enfin et surtout, la femme, en faisant le commerce avec le consentement du mari, se trouvait dans les conditions requises par l'art. 538 pour faire une aliénation valable. Elle aliénait, en effet, avec l'autorisation du mari; l'autorisation devait valoir, sous réserve du recours subsidiaire de la femme contre le tiers acquéreur.

C'est pourtant la solution consacrée par l'arrêt de 1660 qui triompha.

On y apporta pourtant certaines atténuations, fondées sur des considérations particulières, « parce qu'il y avait de la mauvaise foi ou du crime » : on avait permis à la femme d'engager les deux tiers de sa dot [1].

Ce qu'on disait des biens dotaux, au sens de l'art. 538, s'appliquait aussi aux autres immeubles visés par l'art. 542.

Il est vrai que ce texte les traite moins favorablement que les biens dotaux ; mais il en assure toujours la restitution par une récompense sur les biens du mari, ou un recours subsidiaire contre les tiers détenteurs. La femme marchande publique ne devait pas pouvoir en disposer : « Autrement, dit Flaust [2], la femme marchande publique pourrait, pendant son mariage, perdre des immeubles que la loi, dans l'art. 542, veut qu'elle ne puisse perdre pendant le mariage. »

1. Arrêt du 21 décembre 1671, *Commentaires*, ii, BASNAGE.
2. FLAUST, *Commentaires*, ii, 485.

CONCLUSION

Nous avons étudié, dans son ensemble, le
régime matrimonial normand, et en particulier
la théorie de l'inaliénabilité des biens de la
femme; il nous reste à démontrer, en terminant,
combien toutes ces règles établies par nos
pères étaient prudentes et sages; combien,
tant au point de vue de la sécurité de la femme
ou des acquéreurs de ses biens, qu'au point de
vue économique de la liberté et de la facilité
des transactions, notre régime coutumier était
vraiment supérieur.

Résumons donc en deux mots la situation
particulièrement favorable faite à la femme
normande.

Au jour de son contrat ou postérieurement
au mariage, la femme a apporté elle-même
ou reçu de ses père et mère, de ses frères ou
même de tiers, par succession, donation ou
autrement, certains biens (dotaux ou non
dotaux, mariage avenant ou légitime, etc.)
destinés à subvenir aux charges du ménage;

durant le mariage, le mari a eu l'administration et la jouissance de tous ces biens; il a été le seigneur de la dot, le *dominus dotis*.

Survient la dissolution du mariage. C'est alors qu'apparaît toute la sollicitude du législateur pour la femme. Laissons de côté les divers avantages qu'il lui réserve (droit au douaire, part dans les meubles et conquêts en bourgage et hors bourgage, droit aux paraphernaux, etc.), et voyons seulement la façon dont il lui assure la restitution de ses biens. La femme doit, sinon les retrouver en nature, du moins en recouvrer la valeur; et, pour cela, elle a de nombreuses garanties :

1° D'abord, les biens de la femme ne peuvent être aliénés, sauf exception, que du consentement de l'un et de l'autre époux; la femme est donc en même temps protégée contre son mari et contre sa propre faiblesse.

2° En second lieu, le mari doit remployer les deniers provenant de l'aliénation du bien de la femme, et, au besoin, il peut y être contraint par le tiers acquéreur de ce bien !

3° Si le remploi n'a pas été fait durant le mariage, la femme peut, à sa dissolution, avoir recours sur les biens de son mari,

Soit en s'indemnisant sur les biens encore en la possession de ce dernier, soit en reprenant entre les mains des acquéreurs les biens aliénés du mari. Ce dernier droit lui est conservé par une hypothèque dont le rang varie suivant le bien qu'elle garantit.

4° Enfin, si le mari est insolvable, la femme peut alors recourir contre l'acquéreur de son propre bien, et lui en faire au moins rembourser la valeur.

— Nous avons déjà dit que ce système de protection nous semblait à peu près parfait.

Parfait pour la femme : c'est elle que l'on a voulu protéger ; c'est elle la principale intéressée. Eh bien, comment se plaindrait-elle, puisque ce système, tout en la protégeant, tout en lui garantissant d'une façon absolue ses reprises, lui permet de vendre avec la plus grande facilité tel ou tel bien ? Le ménage se trouve-t-il dans une gêne momentanée, prévoit-on que tel immeuble est appelé à diminuer de valeur dans un temps plus ou moins éloigné, que tel autre est sur le point d'exiger des réparations trop considérables, les époux peuvent immédiatement l'aliéner, et ils le peuvent dans des conditions d'autant plus favorables, que le tiers acquéreur sait qu'en prenant ses précautions, il achète en toute sécurité.

Parfait pour l'acquéreur : il connaît la solvabilité du mari, il sait s'il peut ou non avoir confiance. A-t-il des doutes, qu'il exige le remploi, et ne se dessaisisse des deniers que lorsqu'il aura constaté la valeur de ce remploi.

Parfait pour le mari, qui, jouissant des biens de la femme, a presque toujours le même intérêt qu'elle à pouvoir les aliéner, et qui, d'un autre côté, ne peut se plaindre du recours établi contre lui, puisqu'il a touché les deniers, en a profité et, par conséquent, doit en rendre compte.

La seule critique que l'on puisse adresser à ce système, et ce sont les créanciers ou les tiers acquéreurs des biens du mari qui peuvent l'adresser, c'est que, l'hypothèque garantissant les biens dotaux de la femme remontant « au jour du contrat de mariage ou célébration d'icelluy », ils peuvent toujours craindre, en acquérant, de se voir plus tard évincés par la femme, dont les biens ont été aliénés postérieurement à leur acquisition, et cela sans qu'il y ait la moindre négligence de leur part.

Nous l'avons déjà dit, il eût été préférable, croyons-nous, de faire remonter au jour de l'aliénation seulement l'hypothèque garantissant la reprise des biens réputés dotaux, comme celle garantissant la reprise des biens non dotaux.

Enfin, et c'est peut-être la plus grande qualité du régime d'inaliénabilité normand, en n'interdisant pas d'une façon absolue l'aliénation des biens de la femme, en l'autorisant au contraire avec certaines formalités faciles, sans négliger pour cela les divers intérêts particuliers, le système ne nuit pas à l'intérêt général, et ne retire pas de la circulation des richesses une quantité considérable de biens. C'est à ce point de vue économique que le régime normand diffère surtout du régime dotal établi par le Code civil ; c'est à ce point de vue surtout que notre régime dotal actuel a été critiqué.

Malheureusement, ce n'est pas à ce point de vue seul.

Un avocat de Rouen écrivait en 1850 : « Le régime dotal diminue les richesses du pays ; il paralyse le sort du commerce et de l'industrie ; il outrage la morale, viole l'équité, et porte des semences de désordre et de chagrin jusqu'au sein des familles les mieux unies [1]. »

Il poursuivait l'application de ses idées dans trois chapitres, où il envisageait successivement le régime dotal dans ses rapports avec les époux, avec l'intérêt des tiers et avec l'intérêt général du pays.

---

[1]. HOMBERG. *Abus du régime dotal*, p. 186, et ouvrage d'un notaire de Louviers, M. MARCEL. *Du régime dotal et de la nécessité d'une réforme dans notre législation.*

Il essayait de montrer, au premier point de vue, combien les garanties qu'il paraît offrir à la conservation de la fortune des époux sont illusoires, et quels embarras, quels troubles il fait naître maintes fois dans les ménages.

Il montrait ensuite quelles responsabilités il faisait peser sur les tiers, à quelles fraudes et surtout à quelles déceptions il les expose, fraudes et déceptions que les précautions les plus minutieuses sont souvent impuissantes à prévenir.

Il concluait logiquement qu'un régime pareil, qui déprécie la propriété foncière, qui paralyse l'industrie et, au besoin, pervertit la morale publique, doit disparaître de notre Code.

Il faut assurément faire la part de l'exagération ; mais il faut cependant reconnaître que ce régime est très défavorable au crédit des époux, et est la source de fraudes nombreuses. C'est particulièrement dangereux à une époque où le commerce et l'industrie occupent une place si considérable dans nos mœurs. Paralyser le crédit, c'est entraver la fortune du futur ménage. Les pères de famille y ont pensé, et ils se montrent de plus en plus disposés à faire disparaître cette entrave.

Cependant, s'il est vrai que l'activité commerciale et industrielle doive être encouragée, et qu'il faille supprimer les entraves auxquelles elle est soumise, il est vrai aussi que cette activité est souvent la cause de la ruine de bien des personnes, et c'est ce qui fait que beaucoup de pères de famille sont encore amenés à assurer, par le régime d'inaliénabilité, une sorte de patrimoine réservé en cas de désastre.

C'est une idée analogue qui a fait proposer récemment l'adoption d'une institution américaine pour les ménages de modeste aisance, le « homesteate », le foyer de famille insaisissable, répondant à ce besoin de parer à la ruine qui peut atteindre la famille, en lui assurant, à toute éventualité, une partie de son patrimoine.

Mais, ainsi compris, le régime dotal ne devrait plus être ce régime de dotalité générale qui atteint trop profondément le crédit des époux et la richesse générale d'un pays. Ce devrait être simplement un régime de dotalité mitigée, frappant seulement certains biens destinés à faire vivre la famille le jour où elle serait victime de quelque désastre.

Vu :
Le Professeur Président de la Thèse,
Ambroise COLIN.

Vu :
Le Doyen de la Faculté,
Edmond VILLEY.

Vu et permis d'imprimer :
Le Recteur de l'Université de Caen,
E. ZEVORT.

TABLE DES MATIÈRES

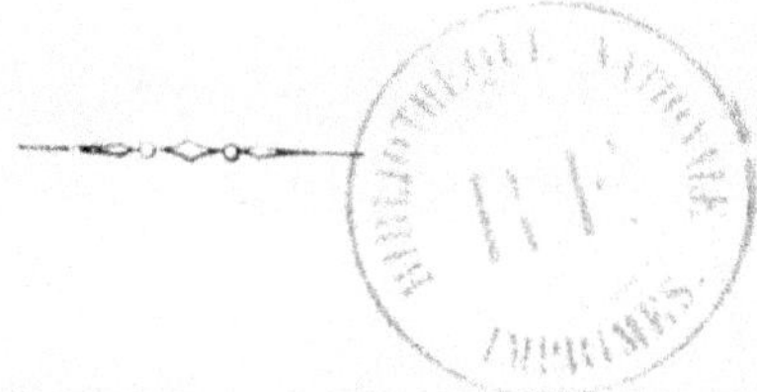

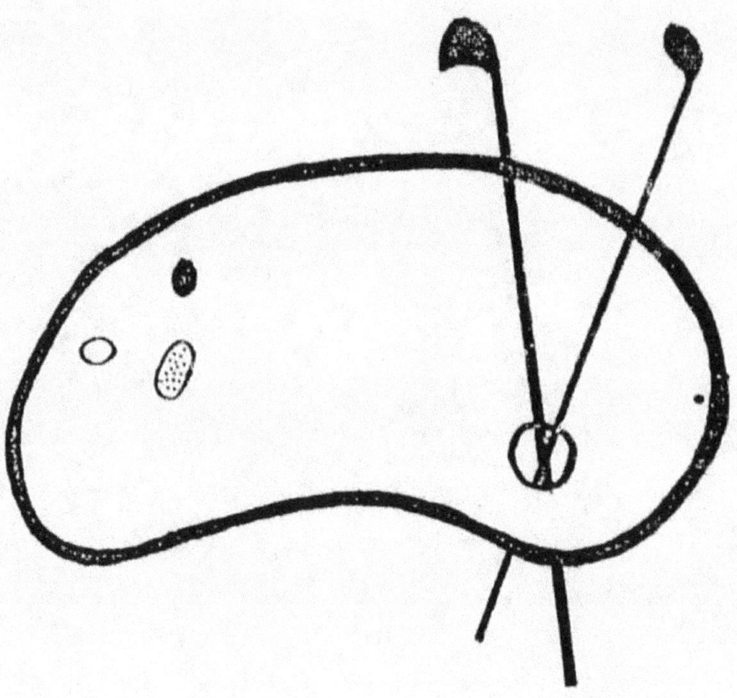

ORIGINAL EN COULEUR

RED. :

21

MIRE ISO N° 1
NF Z 43-007
AFNOR
Cedex 7 - 92080 PARIS-LA-DÉFENSE

graphicom

0 1 2 3 4 5 6 7 8 9 10